Fenster
gestalten

GINA MOORE

Fenster
gestalten

500
Ideen für
Vorhänge,
Gardinen,
Jalousien,
Stoffe
und mehr

MOEWIG

Copyright © 2008 Marshall Editions
The Old Brewery
6 Blundell Street
London N7 9BH
www.quarto.com

Genehmigte Lizenzausgabe für
© 2008 Moewig Verlag / edel entertainment GmbH, Hamburg
www.moewig.de, www.edel.de

Deutsche Bearbeitung: Medien Kommunikation, Unna
Übersetzung und Fachredaktion: Kirsten Heusgen
Foto Umschlagvorderseite: The Bradley Collection

Hinweis:
Die Anleitungen in diesem Buch sind sorgfältig recherchiert und geprüft worden, dennoch kann eine Garantie nicht übernommen werden. Eine Haftung für Personen-, Sach- und Vermögensschäden ist ausgeschlossen, soweit gesetzlich zulässig.

Printed in China
ISBN 978-3-86803-254-3

Einleitung

Ein Gebäude ohne Fenster lässt sich kaum vorstellen. Und so finden sich in jedem Wohnhaus Fenster – schon allein aus praktischen Gründen, um Licht und Luft in die Zimmer fluten zu lassen. Aber diese Raumöffnungen sind weitaus mehr: Sie sind im wahrsten Sinne des Wortes unsere „Fenster zur Welt". Sie schaffen die Verbindung zur Außenwelt: Dank ihnen können wir die Tageszeiten abschätzen oder den Lauf der Jahreszeiten verfolgen. Und nicht zuletzt ermöglichen sie uns den Kontakt zum Leben um uns herum.

Wie wichtig die Fenster für uns sind, zeigt sich vor allem beim Betreten eines leeren Raums. Unwillkürlich wandert der Blick sofort zu den Glasscheiben. Die Art und Weise der Fenstergestaltung wirkt sich zudem entscheidend auf die Raumatmosphäre aus. Stil und Arrangement der Vorhänge, die Muster und Farben der Stoffe, die Wahl der Aufhängung und der Accessoires – all das prägt maßgeblich den Gesamteindruck.

Dabei spiegelt sich in der Fenstergestaltung auch ein Teil der Persönlichkeit und des eigenen Lebensstils. Hier kann man seiner Kreativität freien Lauf lassen – Grenzen setzt nur die eigene Vorstellungskraft.

Nicht zu vergessen sind aber auch praktische Aspekte: Die Raumfunktionen – Küche, Wohnzimmer, Esszimmer – spielen bei der Wahl der Fenstergestaltung eine wichtige Rolle. Zudem sollte diese zum Architekturstil des Hauses passen – genauso wie zur Inneneinrichtung. Und natürlich müssen die Fensterträume auch bezahlbar sein.

Ungefütterte Faltrollos halten intensive Sonnenstrahlen aus diesem hellen und sonnigen Wohnzimmer fern, während eine Blumenstickerei auf dem schweren gefütterten Seidenvorhang dem Ganzen eine ungewöhnliche Note verleiht.

Dieses Buch beleuchtet all die Aspekte, die es bei der Gestaltung von Fenstern zu berücksichtigen gilt. Und es will Ihnen helfen, durch eine sorgsame Auswahl den richtigen Stil für Ihre Fenster und damit auch für Sie selbst herauszufinden. Die folgenden Kapitel stellen Ihnen das große Angebot an zeitgerechten Lösungen vor. Dabei wird zwischen acht Grundstilen unterschieden: Modern, Klassisch, Stilmix, Romantisch, Rustikal, Retro und Ethno. Eine Sonderstellung nehmen Kinderzimmer ein. Jedes der Kapitel berücksichtigt auch Detaillösungen, sodass es Ihnen am Ende leicht fallen sollte, Ihren ganz persönlichen „Fensterstil" zu finden.

Geschichte

Bis ins späte 16. Jahrhundert hinein dienten Textilien bei der Inneneinrichtung hauptsächlich dazu, Wände oder Betten zu dekorieren. Wertvolle Tapisserien oder reich verzierte Vorhänge vor Fenstern waren noch

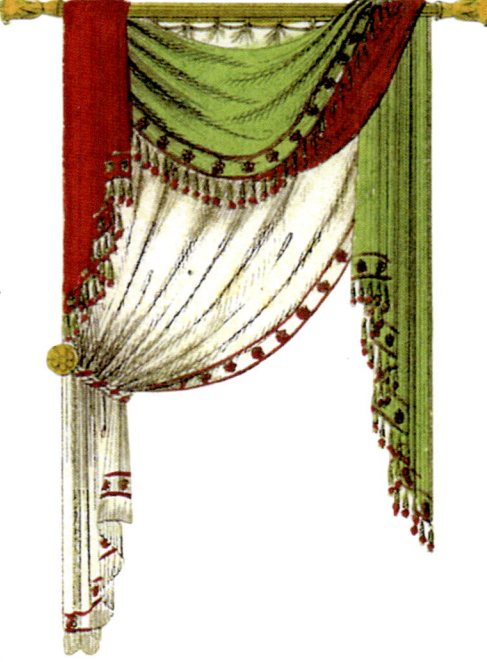

unüblich, gleichwohl man mit ihnen bereits Himmelbetten umhüllte. So sehr man damit vor allem die Kälte abhalten wollte, spiegelten sich in ihnen vor allem aber auch Wohlstand und gesellschaftliche Position wider. So schliefen z. B. Heinrich VIII. und Anne Boleyn in 3 x 3 Meter großen Himmelbetten.

Fenster in Wohnhäusern mit speziellen Stoffen zu verkleiden, kam in Europa erst vom 17. Jahrhundert an in Mode. Schnell entwickelten sich verschiedene Dekorationsstile, die von höfischer Extravaganz genauso geprägt waren wie durch wachsenden kulturellen Austausch. Diesen begünstigten vor allem die europäischen Seefahrerflotten mit der Entdeckung zahlreicher Seewege nach Amerika und Asien. Der kontinuierliche technische Fortschritt in der Textilindustrie beschleunigte die Entwicklung. Besonders bedeutend waren die textiltechnischen Innovationen aus Lyon, dem Zentrum der europäischen Seidenverarbeitung. Die Stile des 17.-18. Jahrhunderts wurden primär

Oben: Beispiel für einen asymmetrischen Vorhang mit drapiertem Querbehang aus der Zeit des französischen Kaiserreichs zu Beginn des 19. Jahrhunderts. Die Inneneinrichtung wurde maßgeblich durch Napoleons Ägyptenfeldzug beeinflusst.

Unten links: Mit schweren Vorhängen abgehängte Himmelbetten dienten dazu, Wohlstand und Status ihrer Besitzer zum Ausdruck zu bringen.

Unten: Aufwändiger Fensterbehang aus dem Viktorianischen Zeitalter mit mehrlagigen Vorhängen.

durch den französischen Hof in Versailles geprägt – ein Paradebeispiel ist die barocke Opulenz König Ludwig XIV. Zu Beginn des 19. Jahrhunderts war der französische Empire-Stil populär. Diese Stilrichtung wurde durch Napoleons Ägypten-Feldzug ausgelöst und von der klassischen Antike inspiriert.

Während des 19. Jahrhunderts waren es besonders die aufstrebenden bürgerlichen Mittel- und Oberschichten, die ihren Einfluss und Wohlstand durch vielfältige Verzierungen und Ausschmückungen nach außen präsentierten. Diese Vorliebe für den Historismus und das Überladene erreichte am Ende des Viktorianischen Zeitalters geradezu bizarre Ausmaße, als von Türöffnungen bis hin zum Kaminsims alles mit Stoff bedeckt wurde.

Gegen Ende des 19. Jahrhunderts initiierte der Engländer William Morris zusammen mit anderen Künstlern die Arts-and-Crafts-Bewegung. Beeinflusst durch die Romantisierung des Mittelalters propagierten die Mitglieder der Bewegung handwerkliche Schlichtheit und suchten im Zeitalter der Industriellen Revolution eine Rückbesinnung auf die Qualitäten des Handwerks. Diese Grundeinstellung zeigt sich auch in der ästhetischen Umsetzung: naturalistische Stoffdesigns und einfachere Fenstergestaltungen prägten den Stil.

Im 20. Jahrhundert existierten viele Stilrichtungen parallel, wobei Kunst und Bekleidungsmoden sich phasenweise gegenseitig beeinflussten, angefangen mit dem romantischen, stilisierten Naturalismus des Jugendstils um die Jahrhundertwende. Trends der modernen Kunst und Architektur wirkten sich auf die Art-déco-Zeit der 1920er- und 1930er-Jahre aus.

Die Entbehrungen der Kriegszeit in den 1940er- Jahren wurde durch die optimistische Moderne der 1950er- und die spielerische Plakativität der Pop Art der 1960er- und 1970er-Jahre abgelöst. Das wirtschaftliche Wachstum der 1980er-Jahre hatte demonstrativen Konsum zur Folge, und steht dem Minimalismus der 1990er-Jahre gegenüber.

Nun, am Anfang des 21. Jahrhunderts, befinden wir uns in der beneidenswerten Lage, aus einer Reihe von Stilrichtungen wählen zu können. Das Spektrum reicht durch die historischen Stilepochen, die von Kunst und technischem Fortschritt sowie ethnischen Einflüssen aus der ganzen Welt inspiriert sind.

Oben: Klassischer Textildruck von William Morris aus der zweiten Hälfte des 19. Jahrhunderts – seine Vorliebe für das Mittelalter beeinflusste seine Designs maßgeblich.

Links: Raum im Art-Déco-Stil der 1920er- und 1930er-Jahre, der sowohl durch die moderne Kunst als auch durch das Kino beeinflusst wurde.

Licht

Fenster dienen vor allem dazu, Licht in einen Raum hereinzulassen. Mit Vorhängen und Jalousien können wir allerdings den Lichteinfall beliebig verändern. Berücksichtigt werden muss hierbei, welche Art von Licht zur Verfügung steht und wie es genutzt werden soll.

Dies ist zunächst einmal abhängig vom genauen Standort. In der warmen Jahreszeit möchte man tendenziell eher weniger Licht hereinlassen, um ein übermäßiges Aufheizen der Räume zu verhindern. Blickdichte, dünne Vorhänge halten helles Licht ab, während Holzklappläden oder Rollläden den Lichteinfall kontrollieren und interessante Schatten werfen.

Ist es draußen kalt und trübe, soll das wenige verfügbare Licht möglichst vollständig in den Raum strömen. Auf der anderen Seite speichern schwere Vorhänge, die abends zugezogen werden können, die Wärme und schaffen zudem eine angenehme Atmosphäre. Diese sollten aber tagsüber zurückziehbar sein, um möglichst viel Licht hereinlassen zu können. Zu bedenken ist, dass Licht verloren geht, wenn Volants und Deckenleisten an den Seiten zu sehr in das Fenster hineinragen.

Je nachdem, in welche Himmelsrichtung ein Fenster weist, verändert sich auch der Lichteinfall. Ein in Richtung Süden liegender Raum unterliegt eher warmer, direkter Sonneneinstrahlung, während ein in Richtung Norden liegender Raum vergleichsweise kühl und eher dunkel ist. In nach Osten liegende Räume fällt morgens am meisten Licht, in nach Westen liegende Räume am späten Nachmittag.

Wie der Lichteinfall genutzt wird, ist auch abhängig von der Raumfunktion. Eine Küche etwa sollte möglichst hell sein.

Oben: Der Lichteinfall eines in Richtung Norden liegenden Fensters ist indirekt, der Raum ist eher kühl.

Rechts: Ein nach Süden liegendes Fenster durchflutet einen Raum mit Helligkeit und direkter Sonneneinstrahlung.

Stoffrollos, die sich einfach hochziehen lassen und so tagsüber praktisch unsichtbar sind, bilden daher sicherlich eine gute Lösung. Im Arbeitszimmer kann Licht beispielsweise durch eine Jalousie gefiltert oder abgehalten werden. Schlafzimmer wiederum sollten nachts behaglich und dunkel sein. Daher bieten sich hier bodenlange Vorhänge mit Volants oder Zierleisten an.

Wie die Fenster konkret gestaltet werden, hängt natürlich auch von den persönlichen Vorlieben ab: Manch einer wacht

Weitere Funktionen

Neben dem Lichteinfall gilt es weitere Faktoren zu berücksichtigen. Durch manche Fenster hat man einen wunderschönen Ausblick, für den nur noch ein stimmungsvoller Rahmen gesucht werden muss. Hochziehbare Jalousien oder sonstige minimalistische Eingriffe sind hier völlig ausreichend.

Andere Fenster jedoch bieten einen weniger einladenden Ausblick. Hier sollte die Fenstergestaltung eine klare Trennlinie zwischen dem Raum und der Außenwelt darstellen. Dann können z. B. transparente Schiebeelemente aus Spitze zusammen mit schweren Vorhängen oder farbenfrohen Stoffen für einen entsprechenden Sichtschutz sorgen und das Raumambiente in den Mittelpunkt rücken.

Fenster bieten nicht nur von innen Ausblicke, sondern auch von außen Einblicke – und vor denen können Vorhänge schützen. Den Schutz der Privatsphäre und dem Bedürfnis nach Sicherheit kann man so also mit der Fenstergestaltung Rechnung tragen. Dünne Stoffe und aufgesetzte Borten, Kaffeehaus-Gardinen oder bodenlange Vorhänge lassen Licht in den Raum, wahren aber zugleich die Raumintimität. Bei abendlicher Beleuchtung reichen dünne Stoffe alleine allerdings nicht aus, neugierige Blicke abzuhalten. Im Schlaf- oder Badezimmer ist es dann vorteilhafter, ein Rollo zu verwenden, das man je nach Bedarf einfach hoch- oder herunterziehen kann.

Das Thema Sicherheit spielt auch unter einem anderen Aspekt eine Rolle, nämlich dann, wenn die Fenster mit auf-

wändigen Sicherheitsschlössern versehen sind. Da diese nur selten attraktiv sind, werden sie gerne hinter schönen Vorhängen versteckt. Auf der anderen Seite gilt es aber zu berücksichtigen, dass die Schlösser gut zugängig und damit leicht bedienbar bleiben sollten.

Früher dienten schwere Vorhänge vor allem auch dazu, Fenster im Winter abzudichten und Kälte fernzuhalten. In Zeiten effizienter Isolierverglasungen haben Vorhänge allerdings ihre Funktion als Kältesperre verloren. Heute weiß man, dass man im Gegenteil während der kalten Jahreszeit möglichst viel Licht in den Raum hineinlassen sollte, um die Strahlungswärme der Sonne zu nutzen. Wenn es draußen sehr warm wird, muss man umgekehrt versuchen, möglichst wenig Sonnenlicht in den Raum eindringen zu lassen. Jalousien, Falt- oder Raffrollos

gerne in einem sonnendurchfluteten Schlafzimmer auf, während Langschläfer zu viel Morgenlicht als eher störend empfinden.

Welche Art des Lichteinfalls wir bevorzugen, kann aber auch von unserer Stimmungslage abhängig sein. Manchmal wünschen wir uns viel Sonnenlicht, ein anderes Mal aber eher einen abgedunkelten Raum.

Daher muss über die Lichtqualität und -menge bei der Fenstergestaltung gut nachgedacht werden. Hier stehen verschiedene Lösungsansätze zur Verfügung. Letztlich können wir mit einer Kombination aus Jalousien, dünnen Gardinen und dicken Übergardinen die Lichtverhältnisse den verschiedenen Tages- und Jahreszeiten anpassen.

Rechts: Diese Jalousie besteht aus einem halbtransparenten High-Tech-Stoff, der Licht und Wärme abhält, Möbel vorm Verschießen bewahrt und eine angenehme Raumtemperierung gewährleistet.

bodenlange und gefütterte Vorhänge im zugezogenen Zustand dazu beitragen, Lärmbelästigungen von außen zu reduzieren – essentiell z. B. für ruhigen Schlaf in lauter Umgebung.

Viel wichtiger jedoch sind solche Stoffe für die Raumakustik. Sie brechen die Schallwellen und tragen so maßgeblich zu einem behaglichen Wohngefühl bei. Das gilt vor allem für Räume mit glatten Böden z. B. aus Stein oder Holz. Je schwerer der Stoff und je dicker das Zwischenfutter, desto effektiver absorbieren diese Trittschall und andere störende Geräusche.

Für die Planung der Fenstergestaltung spielt schließlich der Schließmechanismus eine herausragende Rolle. Bei allen Gestaltungsvarianten sollten sich die Fenster nach Möglichkeit stets leicht öffnen und schließen lassen. Die Wahl des Behangs muss sich deshalb dem Fenstertyp unterordnen: Ein Schiebefenster stellt hier beispielsweise ganz andere Anforderungen als ein Flügelfenster. Das gilt insbesondere für die Aufhängung. Während bei einem Schiebefenster ein Rollo in den Sturz integriert werden kann, muss es bei einem Flügelfenster in der Regel oberhalb des Sturzes angebracht sein, damit sich das Tenster öffnen lässt.

Stoff: Farbe, Material und Muster

So wichtig die praktischen Aspekte auch sein mögen – bei der Gestaltung von Fenstern stehen natürlich die Farben und Stoffe im Vordergrund. Und für welche Materialien man sich dabei entscheidet, ist natürlich in erster Linie von den eigenen Vorlieben und Wünschen auf der einen und dem zur Verfügung stehenden Budget auf der anderen

können dazu beitragen, Sonnenstrahlen abzuhalten. Es gibt zudem innovative, transparente High-Tech-Textilien für Rollos, die die Temperatur des Raumes besonders gut regulieren.

Eine besondere Herausforderung stellen Heizkörper dar, die sich direkt unterhalb des Fensters befinden. Die Gestaltung des Fensters sollte dann so erfolgen, dass sich die warme, aufsteigende Luft möglichst optimal im Raum verteilen kann. Daher dürfen sich keine bodenlangen Vorhänge vor den Heizkörpern befinden – andernfalls würde die warme Luft nur in

den Zwischenraum von Fenster und Vorhang gelangen. Eine sinnvolle Alternative können Jalousien darstellen, die man so aufdreht, dass die warme Luft ungehindert entweichen kann. Am besten ist, wenn sich Vorhänge direkt vor dem Fenster und hinter der Heizung befinden – so kann die warme Luft ungehindert nach oben steigen. Wenn der Heizkörper nach oben durch ein in den Raum ragendes Fensterbrett abgeschlossen wird, sollte der Behang nur bis auf diese Höhe reichen.

Ein weiterer wichtiger Aspekt ist die akustische Funktion. So können dicke,

Seite abhängig. Dennoch sollten auch hier einige Grundregeln beachtet werden.

Farben lassen sich grob in warme und kalte Farbtöne einteilen. Rot, Ockergelb, Terracotta und Olivgrün sind Beispiele für warme Farben. Sie schaffen eine intime, einladende Atmosphäre und eignen sich vor allem für viel genutzte Räume wie Küche und Wohnzimmer.

Blau, und ganz besonders Hellblau, Blaugrün und Violett hingegen sind kühle Farben. Sie schaffen eine frische, anregende Atmosphäre und sind daher wie geschaffen für Räume wie das Badezimmer. Natürlich bestätigen Ausnahmen immer die Regel und so gibt es auch bei der Farbwahl letztlich keine starren Regeln. Manchmal führt ein starker Akzent oder Kontrast dazu, dass ein Farbschema erst richtig zur Geltung kommt. Man denke etwa an ein intensives Rot, das als direkter Kontrast zu kühlen und hellblau geblümten Vorhängen in einem Schlafzimmer genutzt wird. Oder

eine nilgrüne Zierleiste, an der ein bordeauxroter Vorhang in einem Esszimmer hängt.

Neben den warmen und kalten spielen vor allem die neutralen Farben eine wichtige Rolle – von Weiß und Creme über Beige und Hellbraun bis Schwarz. Man kann sie entweder allein oder auch mit wärmeren oder kälteren Farbkombinationen einsetzen. Diese Farben brechen die anderen stärkeren Farben auf oder neutralisieren sie. So entstehen Ruhepunkte für das Auge. So mancher Innenausstatter besteht darauf, dass der Fensterbehang auf neutrale Farben beschränkt bleiben sollte und überlässt dann Kissen und Überwürfen, Bildern und Blumen die Aufgabe, für Farbe im Raum zu sorgen. Diese können dann auch entsprechend der momentanen Laune und des jeweiligen Modetrends gewechselt werden.

Für die Wirkung sind aber nicht nur die Farben, sondern auch die Materialeigen-

schaften eines Stoffs entscheidend. Das gilt auch für das Gewicht des Stoffes: Handelt es sich um einen leichten oder einen schweren Stoff? Die Grundregel lautet: Schwerere Stoffe eignen sich eher für bodenlange, strukturierte und schwere Vorhänge mit Oberkanten aus zylindrischen Bleistiftfalten oder Kelchfalten, bei denen der Stoff tiefe Falten wirft. Stoffe wie etwa Samt, Damast, strukturierte Baumwolle und Leinen fallen alle in diese Kategorie. Leichte Baumwollstoffe wie Chintz und Voile sollten für einfach geraffte und lockere Vorhänge verwendet werden. Futter in einem dünnen Stoff sorgt dafür, dass das Material Form annimmt. Zwischenfutter – eine Lage nachgiebiger Watte, die sich

Unten links: Eine Farbkombination aus kalten Farben, die hellblaue und grüne Farbtöne enthält, wird hier durch ein helles Pink akzentuiert.

Unten: Eine warme und einladende Farbkombination aus verschiedenen Rot- und intensiven Pinktönen vor einem neutralen Hintergrund.

Links: Neutrale Farben aus Creme- und dunklen Schokoladentönen werden hier mit einem Hauch Rot akzentuiert.

Unten: Das Gewicht, das Fasermaterial und die Webart eines Stoffs beeinflussen seine Textur und die Wirkung der Oberfläche im Licht. Weicher Chenillestoff ①, Samt-Parzellen in Grüngelb und Lila ②, ausgewaschener Seiden-Taft ③, geprägter Seidendamast ④, Leinen- und Viskose-Gewebe ⑤, ausgeblichenes Leinen mit unregelmäßig gewebten Streifen ⑥.

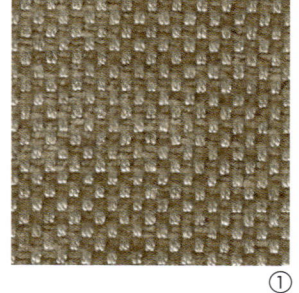

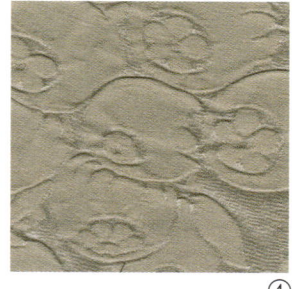

zwischen dem Außenmaterial und dem gefütterten Stoff befindet – verleiht dem Material Gewicht, Stärke und Umfang, sodass ein luxuriöser, schwerer Vorhang entsteht. Zu bedenken ist, dass solch ein Zwischenfutter das Gewicht und den Faltenwurf verändert.

Die Oberfläche eines Stoffs beeinflusst die Wirkung des Lichteinfalls – der Glanz von Chintz, die Textur eines groben Leinenstoffs, der Flor von Samt und das Schimmern von einigen synthetischen Fasern erscheinen durch die sich verändernde Intensität von natürlichem und künstlichem Licht immer wieder anders. Beispielsweise wirkt einfarbige Seide viel interessanter, wenn das Licht in den Falten und Kräuselungen eines Vorhangs eingefangen wird.

Textilien können gewebt, bedruckt oder bestickt sein. Um eingewebte Dessins handelt es sich bei traditionellen Brokat- und Damaststoffen sowie auch bei vielen gestreiften oder karierten Stoffen wie auch bei Plaids. Aufgedruckte Dessins werden normalerweise bei flachen, wenig texturierten Stoffen verwendet, also vor allem bei Seide, Baumwolle und Leinen.

Liebäugelt man für seine Vorhänge mit einem gemusterten Stoff, so sollte man auf jeden Fall bedenken, dass das glatte Musterstück im Musterbuch anders wirkt als in Falten und Krausen am Vorhang. Streifen wirken dann weniger steif, gewagte Muster weicher, und manche unauffällige Muster fallen sogar kaum noch auf. Auch auf großen Flächen – also zum Beispiel auf einem bodenlangen Vorhang – wirken Muster natürlich anders, als auf den kleinen Probestücken in den Herstellerkatalogen.

Bevor man eine Entscheidung trifft, empfiehlt es sich deshalb, ein möglichst

Rechts: Muster können auf einen Stoff gewebt, gedruckt oder gestickt sein. Seidendamast ①, gestreiftes Leinengewebe ②, florale Nadelmalerei ③, traditioneller Druck auf Leinen ④, Zweifarben-Druck auf dünnem Leinenstoff ⑤, feiner Druck auf weißer Baumwolle ⑥, aufwändig bestickter Seidentaft ⑦, einfarbige Maschinenstickerei auf ungebleichtem Leinen ⑧, bestickte synthetische Dupion-Seide ⑨.

großes Stück des Stoffes zu betrachten. Am besten faltet oder rafft man es probeweise mit den Händen. Nur so kann man beurteilen, wie sich der Stoff verhält und welche Auswirkungen das Falten und Raffen auf die Wirkung des Musters hat.

Bei Rollos und Bahnen, bei denen der Stoff flach fällt, ist dies nicht so entscheidend. Viel wichtiger ist hier, wo sich das Kernmuster befindet und wie das Muster beschnitten werden soll.

Das Budget

Schön genähte und gestaltete Fensterdekorationen sorgen langfristig für eine individuelle und attraktive Raumgestaltung. Die finanziellen Mittel, die für die Fenstergestaltung zur Verfügung stehen, beeinflussen den Entscheidungsspielraum allerdings

maßgeblich. Die Fenstergestaltung ist fast immer mit einem hohen finanziellen Aufwand verbunden, weshalb genaue Vorüberlegungen vor kostspieligen Fehlgriffen bewahren sollten.

An schönen Vorhängen möchte man sich möglichst lange erfreuen. Daher ist die modischste Lösung nicht immer die beste Entscheidung. Denn Mode ist immer vergänglich und deshalb kein guter Ratgeber für eine langfristige Dekorationsplanung. Geschickter wäre es, sich langfristig für eine zeitlose, klassische Fenstergestaltung zu entscheiden und bei anderen Accessoires im Raum wie Kissen, Überwürfen und Ornamenten mit der Mode zu gehen.

Besonders teuer sind schwere und qualitativ höherwertige Stoffe. Deshalb gilt es vor allem bei knappem Budget, den Ein-

satz von diesen und anderen besonders teuren Materialien zu minimieren. Ein gutes Mittel zum Sparen stellen zum Beispiel preiswertere Rollos dar. Kommen sie zum Einsatz, reichen zur weiteren Dekoration hochwertige Seitenschals statt stoffreicher Vorhänge aus. Auch der geschickte Einsatz von Bordüren kann ein knappes Budget wesentlich entlasten. So setzen beispielsweise gewiefte Designer horizontale Bordüren tief an, um eine günstige Textilie aufzuwerten und einen wesentlich luxuriöseren Effekt zu erzielen.

Eine weitere Möglichkeit stellt das Verwenden eines Zwischenfutters dar: Hiermit lässt sich zusätzliches Volumen erzeugen. Ein einfacher Baumwollkattun verwandelt sich so in einen dicken, üppigen und zugleich schwer wirkenden Vorhang.

Fensterarten

Bevor eine Entscheidung über den Fensterbehang getroffen wird, sollte zunächst einmal das Fenster selbst betrachtet werden. Es gilt, Form, Größe, Lage und Aussehen zu berücksichtigen. Jedes Fenster besitzt letztlich einen einzigartigen, mit der Architektur des Hauses verbundenen Charakter. Und den gilt es bei der Wahl des Behangs nicht nur zu berücksichtigen, sondern bestmöglich zu unterstreichen. Es gibt jedoch eine grundlegende Einteilung von Fensterarten, die für die allermeisten Raumöffnungen zutreffend ist:

Schiebefenster: Schiebefenster ermöglichen bei der Gestaltung besonders viele Möglichkeiten, weil sich beim Öffnen Glas und Stoff nur selten – im wahrsten Sinne des Wortes – in die Quere kommen. Zu beachten ist vor allem, wie das Fenster aufgeschoben wird. Dabei kommt dem Schiebemechanismus entscheidende Bedeutung zu: Es gibt Fenster, die zur Seite aufgeschoben werden, aber auch solche, die man sowohl nach unten als auch nach oben öffnen kann. Schiebefenster sind normalerweise höher als sie breit sind. Sie wirken so elegant und sind für die meisten Vorhänge und Jalousienarten geeignet.

Flügelfenster: Ein klassisches Flügelfenster besteht aus zwei gleich großen Rahmen, die seitlich eingehängt sind und sich nach innen – seltener auch nach außen – öffnen. Die meisten modernen Flügelfenster hingegen weisen nur einen Rahmen auf, der sich allerdings nicht nur nach innen aufschwenken, sondern zudem auch kippen lässt. Bei der Wahl des Vorhangs kommt es vor allem darauf an, dass dieser das Öffnen der Fensterflügel

Schiebefenster

Flügelfenster

Panoramafenster

Kleine Fenster

nicht behindert. Eine besonders einfache aber auch sehr praktische Lösung stellen hier Jalousien oder Rollos dar.

Panoramafenster: Sie sind gewöhnlich sehr groß, breiter als hoch und enthalten nicht selten gleichzeitig Schiebe-, oder Flügelfensterelemente. Die meisten von ihnen eignen sich für alle Stilrichtungen. Empfehlenswert sind vor allem Rollschienen und Stoßarme oberhalb der Scheibe, damit ausreichend Platz zum Zurückziehen der Vorhänge vorhanden ist. Volants oder Zierblenden können die Höhe unterstreichen. Jalousien eignen sich meist nur dann, wenn das Fenster selbst aus mehreren kleineren Rahmen besteht. Dann sorgen sie allerdings oft für eine sehr attraktive Optik.

Kleine Fenster: Gemeint sind hier Fenster, die so klein sind, dass man aufpassen muss, sie nicht mit zu aufwändigem Behang zu überladen. Volants oder Zierblenden mit Vorhängen auf beiden Seiten können dafür sorgen, dass ein Fenster größer wirkt, als es ist. Handelt es sich jedoch um ein sehr kleines Fenster, kann ein Rollo auch sehr wirkungsvoll sein.

Hohe
Fenster

Hohe Fenster: Aufgrund ihrer Höhe eröffnen sie besonders viele Gestaltungsvarianten wie zum Beispiel drapierte Girlanden mit lose hängenden Stoffenden oder Volants mit durchhängenden Raffbögen. Sie lassen sich sowohl reich verzieren als auch in minimalistischem Stil gestalten. Sind die Fenster extrem hoch, muss man darauf achten, dass sich die Vorhänge problemlos zurückziehen lassen. Wenn sie nach innen geöffnet werden, darf der Behang das Öffnen und Schließen nicht behindern.

Bogenfenster: Obwohl sie wunderschön sind, stellen Bogenfenster Innenausstatter so manches Mal vor echte Herausforderungen. Möchte man einen eher formalen Behang, so kommen handgearbeitete Vorhänge mit Bleistift- oder Kelchfalten in Frage, auch wenn dadurch recht viel Licht verloren geht. Einfacher ist es, den Rundbogen frei zu lassen und lediglich die rechteckige Fläche des Fensters mit Vorhängen oder Jalousien zu bedecken. Wenn nicht zuviel Licht in den Raum hereinströmen soll, etwa in einem Schlafzimmer, so kann der Rundbogen mit einem fest angebrachten, in der Mitte drapierten Stück Stoff versehen werden. Möglich sind aber auch maßgefertigte Holzfensterläden mit schräg angebrachten Blenden.

Bogenfenster

Türöffnungen

Türen und Türöffnungen: Manche Türen sind mit einer Glasscheibe versehen. Handelt es sich hierbei um geschliffenes oder getöntes Glas, sind Vorhänge nicht unbedingt erforderlich. Bei durchsichtigem Glas sorgen entweder Jalousien, Gardinen oder aber ein geraffter, durchsichtiger Vorhang, der oben und unten an der Scheibe befestigt wird, für die gewünschte Privatsphäre. Türen und Türöffnungen werden oft mit Vorhängen versehen, damit im Winter weniger kalte Luft in den Raum strömt.

Französische Fenster: Darunter versteht man klassische Balkon- oder Terrassentüren mit ein oder zwei Glastüren, die meist nach innen geöffnet werden. In älteren Gebäuden – vor allem in Frankreich – befinden sich an der Außenseite oft Fensterläden, sodass innen lediglich ungefütterte oder sogar durchsichtige Gardinen notwendig sind. Wenn es keine Fensterläden gibt, empfehlen sich meist dickere Stoffe, die sich dann aber so weit zurückziehen lassen müssen, dass man die Türen problemlos öffnen kann. Bei Platzproblemen helfen Jalousien oder Rollos.

Schiebetüren: Die moderne Antwort auf Balkon- oder Terrassentüren sind Schiebetüren, die normalerweise aus vollständig verglasten Schiebeelementen bestehen und oft sehr breit sind. Der Platz zwischen dem oberen Türrahmen und der Decke ist manchmal so gering, dass sorgfältig über eine geeignete Stangen- oder Schienenkonstruktion nachgedacht werden sollte. Vorhangschienen mit Seilzug stellen eine besonders praktische Lösung dar, vorausgesetzt, sie können sicher montiert werden.

Französische Fenster

Schiebetüren

Erkerfenster

Gebogene Fenster

Erker- und Bogenfenster: Erker- und Bogenfenster sind meist groß und imposant; sie sollen so für maximalen Lichteinfall in einem Raum sorgen. Wie genau Gardinen und Vorhänge hierbei helfen können, ist eine echte Herausforderung, denn Schienen und Stoßarme müssen entsprechend den Ecken und Bögen des Fensters angepasst werden. Schienen mit Seilzug sind zwar praktisch, aber oft optisch nicht sehr ansprechend. Sie lassen sich glücklicherweise hinter Volants und Deckenleisten verstecken. Speziell angefertigte, exakt den Konturen des Fensters angepasste Stoßarme sind kostspielig, und die günstigeren gebrauchsfertigen Varianten mit flexiblen Gelenken eignen sich leider nur für leichte Vorhänge. Jalousien können bei einer moderneren Innenausstattung eine gute Lösung darstellen.

Dachflächenfenster: Dachflächenfenster bieten die beste Möglichkeit, viel Licht in einen Raum mit schrägen Deckenflächen hereinzulassen. Bei der Gestaltung eröffnen sich mehrere Möglichkeiten, die praktischste und wirkungsvollste aber stellen maßgefer-

Dachflächenfenster

tigte, am Fensterrahmen angebrachte Rollos dar.

Dachgauben: Die Fenster von Dachgauben bieten meist nur wenig Platz für Vorhänge. An jeder Fensterscheibe angebrachte Jalousien oder eingehängte Schwenkstangen, mit deren Hilfe sich das Fenster nach innen öffnen lässt, stellen zwei mögliche Lösungen dar.

Eckfenster: Ein zusammenhängender Vorhang, der sich auf eine Seite aufziehen lässt oder einfache Jalousien bieten sich bei Fensterflächen an, die um eine Raumecke herum reichen. Eckfenster, die sich zusätzlich über mehrere Ecken erstrecken, erfreuen sich in der modernen Innenarchitektur immer größerer Beliebtheit. Hier kann es empfehlenswerter sein, mehrere Vorhänge aus dem gleichen Material aufzuhängen, um beim Auf- und Zuziehen flexibler zu sein.

Dachgaube

Eckfenster

Über Eck angeordnete Fenster

Modern

Als Gegengewicht und Ausgleich zu einem schnelllebigen und hektischen Alltag können die geordneten Strukturen und die Geradlinigkeit eines modernen Stils wirken. Ein Grundelement dieses Dekorationsstils ist der Minimalismus. Mit Reduktion auf das Wesentliche, klaren Linien und glatt-glänzenden Oberflächen betont man Geräumigkeit und Leichtigkeit.

Fenster bieten unerschöpfliche Möglichkeiten, um die Geräumigkeit eines Raumes hervorzuheben. Der moderne Stil verlangt hier schon bei der Wahl der Dekorationsmaterialien die Berücksichtigung des Minimalismus-Prinzips. Auf den ersten Blick erscheinen einfache Fensterläden optimal – Vorhänge eignen sich allerdings meist besser, um ein rechtwinkliges Raumschema aufzulockern. Zugleich wirken sie schallabsorbierend. Um einen zeitgerechten Look zu erzeugen, sollten die Textilien und Accessoires eine ähnlich glatte Struktur besitzen wie die anderen Ausstattungselemente.

Die Textur des Stoffes spielt dabei eine wichtigere Rolle als die Musterung. Die Oberkanten können als Ösen oder zylindrische Bleistiftfalten gestaltet werden, die den Vorhang in leichte Wellenform versetzten. Die Geradlinigkeit des Stils unterstützt man mit glänzenden Gardinenstangen aus Metall, die in jedem Fall schlicht und unverschnörkelt sein sollten. Alternativ bieten sich auch verdeckte Führungsschienen an. Accessoires aus Metall, Holz und Glas vollenden die puristische Ausstrahlung. So empfiehlt es sich, jede Art von Verzierung auf ein Minimum zu reduzieren.

In diesem eleganten Stadt-Wohnzimmer sind die Gardinenstangen direkt unter der Decke angebracht und betonen daher die beachtliche Deckenhöhe. Der leichte, transparente Vorhangstoff filtert dezent das Licht, das durch die französischen Doppel-Fenster einfällt.

Schiebefenster

Besonders wichtig ist es bei diesem Stil, eine ruhige und geordnete Raumatmosphäre zu erzeugen. Dieses gelingt bei praktischen Schiebefenstern sehr leicht: Die großen und dicht nebeneinander liegenden Fenster sind mit jeweils einem filigranen Raffrollo versehen, das nicht nur Sichtschutz bietet, sondern den Raum zugleich in ein diffuses Licht taucht. Hierbei ist besonders interessant, dass die drei Rollos so dicht nebeneinander hängen, dass optisch der Eindruck eines einzigen großen Fensters entsteht.

①   ②   ③

Raffrollos sind in verschiedenen Breiten und Verarbeitungstechniken erhältlich. Durch eine spezielle Oberflächenbehandlung schimmern diese metallisch und reflektieren das Licht, hier in den Farben Silber ①, Hellblau ② und Gold ③.

Durch ihre eleganten Dimensionen eignen sich Schiebefenster für diverse Stile. Um Vorhänge optimal in eine bestehende Raumordnung einbinden zu können, sollte der Stoff farblich an die Umgebungsfarben angepasst sein. Hier wählte man einen schweren, gefütterten Seidenstoff in kontrastierenden Farben. Die langen Vorhänge betonen durch die farbliche Zweiteilung die Fenster- und Raumhöhe.

Obwohl im modernen Stil meist eine einfache Oberkante favorisiert wird, erfordern bestimmte Stoffe eine spezielle Faltengestaltung: Zweifachfalten ①, Flämische Falten ② oder punktierte Falten ③.

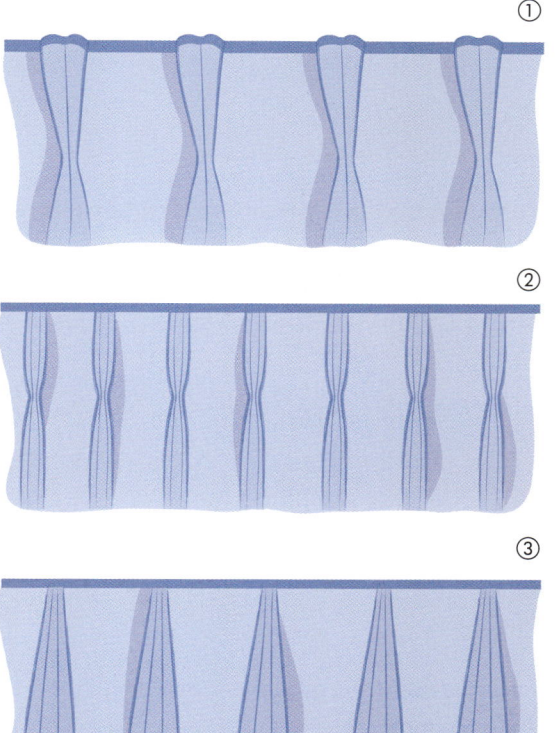

①

②

③

Panoramafenster

Panoramafenster betonen durch ihre Breite die Horizontale. Ideal sind hier Schiebeelemente im japanischen Stil – sie vermitteln Eleganz und Harmonie. Eine Weiterentwicklung sind Schiebevorhänge, die eine stabilisierende Abschlussstange und mehrere Führungsschienen an der Decke besitzen. Ihr Vorteil ist, dass sie vor das Fenster gezogen oder auch gestaffelt hintereinander platziert werden können. In diesem Beispiel laufen jeweils zwei gestreifte Schiebeelemente hinter einem Baumwolldruck mit Kreisornamenten, die den japanischen Einfluss unterstreichen. Wichtig ist, neben den Fenstern genügend Platz für die zurückgeschobenen Elemente zu berücksichtigen.

SHOJI, traditionelle japanische Schiebetüren, bestehen aus einem mit transparentem Papier bespannten Holzrahmen. In Japans Wohnkultur dienen sie als bewegliche Trennwände bzw. Tür- oder Fensterelemente.

Eine neutrale Farbpalette ist ein wesentliches Element des modernen Stils.
Wird völlig auf Farbe verzichtet, erhält die Textur der Stoffe eine besondere
Bedeutung. In diesem nüchtern-weißen Schlafzimmer entsteht so eine har-
monische Beziehung zwischen der gequilteten Tagesdecke, den glänzenden
Satin-Bezügen und den transparenten Vorhängen.

①

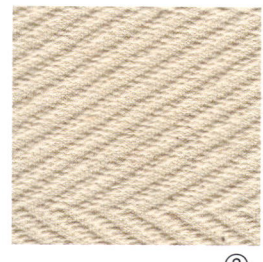

②

③

Eine reduzierte oder
neutrale Farbauswahl
betont die Oberflächen-
struktur: ein Chenille-
Stoff mit Blattmotiven
①, ein fester Baumwoll-
stoff mit Fischgrat-Op-
tik ② und eine Umriss-
Stickerei auf Filz ③.

Erkerfenster

Die Klarheit und Reduktion des modernen Stils lässt sich ausgezeichnet in einen großen, repräsentativen Erker integrieren. Klassische Faltrollos passen sich perfekt in die Fensteröffnungen ein. Mit ihnen lässt sich die Intensität des einfallenden Lichts gut regulieren; aufgezogen verdecken sie die dekorativen Sprossenfenster nur wenig. In Kombination mit einem von unten bedienbaren Rollo ist gleichzeitig Sichtschutz gewährleistet. Auch Faltrollos beeinflussen durch verschiedene Farbvariationen (z. B. neutral, warm oder kühl) die Raumatmosphäre.

Beispiele für ideale Farbkombinationen: dunkle Naturtöne ①, Pastelltöne in Grün und Blau ② oder warme Rot-Pink-Orange-Töne ③.

Erkerfenster garantieren einen maximalen Lichteintritt – unabhängig davon, ob es sich um einen Rund- oder Eckerker handelt. Dieser lichtdurchflutete Essplatz ist das perfekte Beispiel: Weiße Voile-Vorhänge schaffen einen weichen Kontrast zu den unzähligen Lichtreflektionen, die von den glatten Oberflächen der Einrichtung erzeugt werden. Jedes der fünf Erkerfenster hat eine eigene Gardinenstange, an der der gekräuselte Vorhang befestigt ist. Damit spart man einerseits zwar eine aufwändigere, umlaufende Vorhangschiene, kann andererseits allerdings nicht alle Vorhänge aus dem Erker herausschieben.

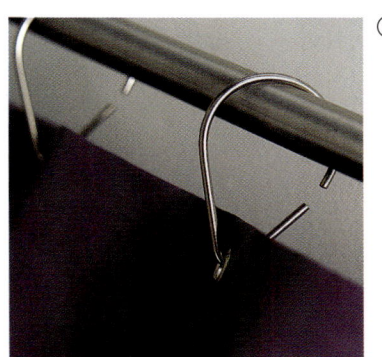 ①

 ②

Einfache Voile-Vorhänge können mit ungewöhnlichen Ringsystemen kombiniert werden: Ringe in Tropfenform mit schmalen Ösen ① oder Ringe mit kleinen Klammern sind eine praktische Alternative für leichte Vorhangstoffe ②.

Flügelfenster

Bei schweren Vorhängen ist auf einen schönen Faltenwurf zu achten: dezent gestreifte Seide ①, grobes, leuchtendes Leinen ②, farbige Samtstreifen auf Leinen ③, strukturiertes Chenille-Gewebe ④, moderne Jacquard-Seide ⑤.

①

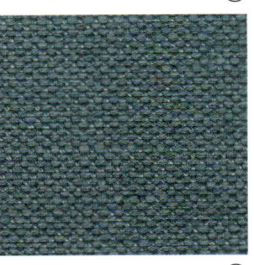

②

③

Einen besonders harmonischen Gesamteindruck vermitteln Stoffe in wiederkehrenden Farben. Hier korrespondieren die Grüntöne des bodenlangen Vorhangs aus schwerer Seide mit denen von Lampe und Kissen. Für visuelle Spannung sorgt zudem das geometrische Muster. Als „Goldene Regel" für die Gestaltung im modernen Stil gilt der Verzicht auf üppig drapierte Querbehänge. Besser wirken einfache zylindrische Falten, Quetschfalten, Flämische Falten oder glatte Vorhänge mit Ösen oder Ring-Klammer-Systemen.

④

⑤

Der Charme dieses Raumes einer Altbauwohnung mit den hohen Decken und Bogenfenstern steht in einem erfrischenden
Kontrast zu der modernen Einrichtung.
Sie zeichnet sich durch klare Linien, neutrale Farbtöne und Naturmaterialien aus.
Die elfenbeinfarbenen Musselin-Vorhänge
rahmen die eingelassenen Flügelfenster
stilvoll ein. Sie sind mit schlichten Ringen
dezent an Metallstangen befestigt.

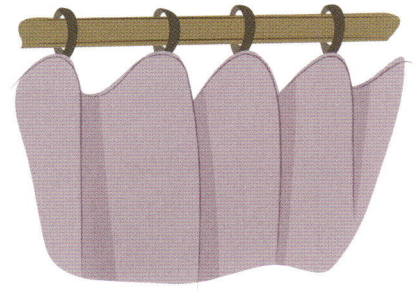
①

Gardinenhaken sind bei ungefalteten
Oberkanten sehr hilfreich. Mit ihnen lässt sich
eine leicht gefaltete Optik erzielen, indem jeder Ring mit zwei Haken versehen wird.
Zwischen den Haken bauscht
sich der Stoff leicht nach
vorn. Die Sichtseite dieser
Aufhängungsart ① und die
zugehörige Rückansicht ②.

②

Modische Gardinenstangen aus Metall schaffen einen zeitgemäßen Look. Viele
Stangen sind mit Metall-, Glas-, oder Holzdetails lieferbar, z. B. mit breiten Holzrin-
gen und Kugel-Endstück ① oder auch mit abgeschrägten Endstücken ②.

①
②
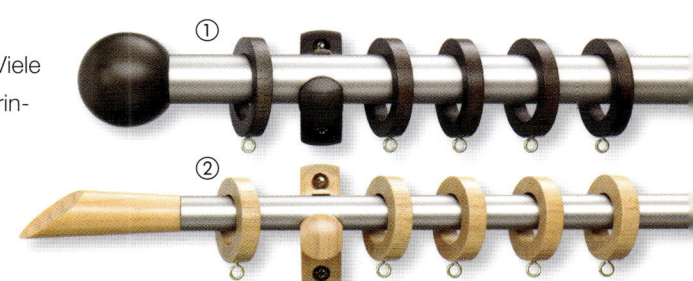

Zweigeschossige Fenster

Zweigeschossige Fenster erzeugen einen wunderbaren Lichteinfall. In diesem Fall stehen raumhohe Schiebeelemente mit grafischen Floraldrucken im Gegensatz zu der flachen Sitzgarnitur. Die Flächengardinen zeigen eine geradezu bannerartige Wirkung, die nicht durch Falten oder Überlagerungen verdeckt wird. Durch das strikte Einhalten einer reduzierten Farbpalette – ob als Blütendruck, einfarbig oder gestreift – korrespondieren Modernität und Klarheit der Linien ideal mit der eindrucksvollen Architektur.

①

②

③

Grafische Drucke beleben den modernen Stil – besonders auf glatten, großzügigen Stoffflächen: zweifarbiger Druck auf Leinen ①, moderner Blütendruck ② oder ein abstraktes, aufgedrucktes Blattmotiv ③.

Ein beeindruckender, extravaganter Vorhang aus goldfarbener Seide verbindet die zweigeschossigen Fenster auf theatralische Weise und unterstreicht den Galeriecharakter des Raums. Durch die deutliche Überlänge bauscht sich der Vorhang am Boden üppig auf. Seide eignet sich besonders gut für diese Dekoration: Ihre immanente Leichtigkeit bei gleichzeitiger Standfestigkeit lässt einen eleganten Faltenwurf entstehen, in dem der schimmernde Glanz eingefangen wird. Ist eine Saumdekoration gewünscht, sollte diese passend sowohl zum Stoff als auch zur Raumgestaltung gewählt werden.

Alternative Saumdekorationen: horizontale Falten erzeugen Volumen und Gewicht ①, eine Kontrast-Bordüre schafft Tiefe und Harmonie ②.

Bogenfenster

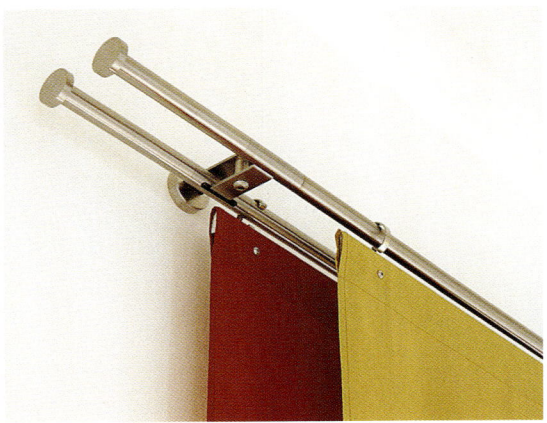

Bei diesem zweiläufigen Gardinensystem befindet sich im Tunneldurchzug des Vorhangs eine Metallstange mit Haken. Die Haken hängen an den Führungsschienen; ein Beschwerungsstab am Saum erzeugt die Spannung des Stoffes.

Schiebegardinen sollten aus leichtem, ungefüttertem Stoff bestehen: grau-brauner Seiden-Taft ①, nilgrüne Dupion-Seide ②, elfenbeinfarbener Seidensamt ③, heller, türkisblauer Leinenstoff ④.

Hohe Bogenfenster haben einen ganz eigenen Reiz und sollten in einer modernen Raumgestaltung möglichst dezent dekoriert werden. Für diese eleganten Bogenfenster wurde eine zweiläufige Gardinenstange verwendet, auf der vier schmale Flächenvorhänge aus Leinen verschoben werden können. Durch die Lichtdurchlässigkeit und das minimalistische Dekor bleiben die Details der Fenster stets sichtbar.

Vertikale Lamellen eignen sich besonders gut zur modernen Gestaltung von Bogenfenstern, da sie speziell auf deren Form zugeschnitten werden können. Dies ist in mehrfacher Hinsicht eine praktische Lösung: Die Lamellen akzentuieren die typische Rundbogenform, schaffen gleichzeitig einen Sichtschutz und regulieren zudem den Lichteinfall. In diesem Zwischengeschoss sind die einzelnen lichtdurchlässigen Lamellen drehbar montiert. So können sie den großen Bogen entweder verdecken oder den Blick nach außen freigeben.

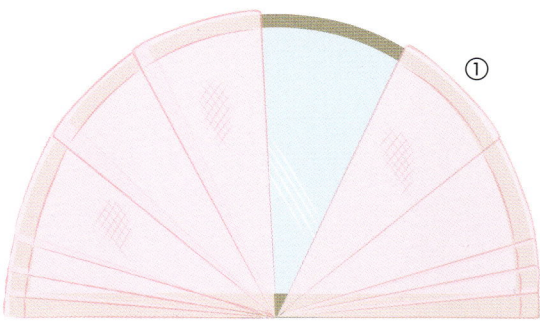

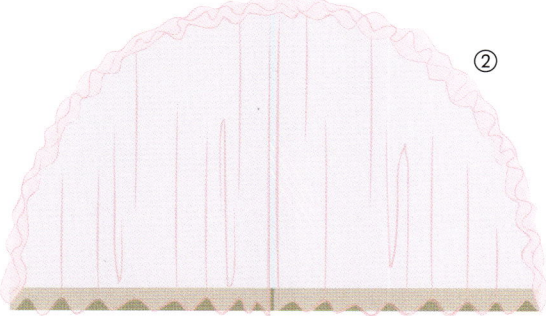

Alternative Dekorationen für große Rundbögen: einzelne Fächerelemente ① oder leichter Vorhangstoff mit gekräuseltem Saum ②.

Eckfenster

Fenster, die über Eck angeordnet sind, stellen eine besondere Herausforderung für textile Dekoration dar. Im hier gezeigten Fall ist es kaum möglich Vorhänge aufzuhängen, da sich direkt neben dem Fenster der Türdurchgang befindet. Rollos mit einem farblich abgestimmten Blumendruck ermöglichen dennoch, den Raum blickdicht zu verschließen. Sie sind diskret oberhalb des Fensters angebracht.

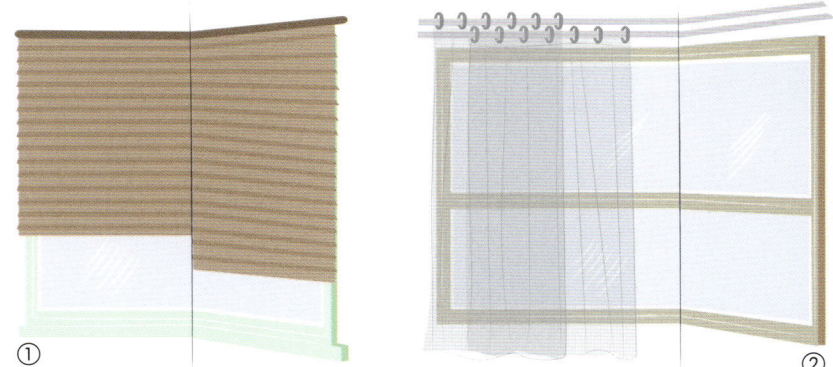

① ②

Für Eckfenster können alternativ Plissees ① oder umläufige Doppelgardinenstangen mit Ringen und leichten Stoffen ② verwendet werden.

Bei der Dekoration von Eckfenstern sollten neben der optischen Wirkung immer auch die Nutzungs-aspekte berücksichtigt werden. So spielen in diesem Schlafzimmer Sichtschutz und Verdunke-lung eine zentrale Rolle. Zudem sollte der Gesamt-eindruck aber auch nicht zu steril erscheinen. Die Faltrollos gewährleisten Intimität bei gleichzeitiger Lichtdurchlässigkeit; die langen Vorhänge mit geradem Faltenwurf schaffen weiche Übergänge. Beide Vorhänge laufen auf separaten Schienen – die Aufhängung muss also nicht um die Ecke geführt werden.

①

②

③

Glänzende Vorhangstoffe sind empfehlenswert: Samt-Motiv auf Leinwand-bindung ①, schimmerndes Baumwoll-Viskose-Gewebe ②, modernes Jacquard-Gewebe ③.

Problematische Fenster

①

②

③

Durchsichtige, dekorative Vorhänge: transparente Seide mit floraler Stickerei ①, Spitze mit Blütenmotiv ② oder semi-transparentes Streifen-Dessin ③.

Ziehen sich Fenster über eine gesamte Wandseite, ist es oft schwierig, Befestigungssysteme anzubringen. Dann empfehlen sich Gardinenschienen, die direkt an der Decke befestigt werden. Hierbei muss man vor allem auf eine sichere und stabile Montage achten – besonders bei schweren Gardinen. Gardinenstangen aus Metall benötigen in bestimmten Abständen Trägerhaken und geöffnete Ringe (C-Form), die über den Träger weiter geführt werden können. Ist kein Platz für ein dekoratives Endstück vorhanden, kann man Träger und Stange auch direkt an der Wand anbringen.

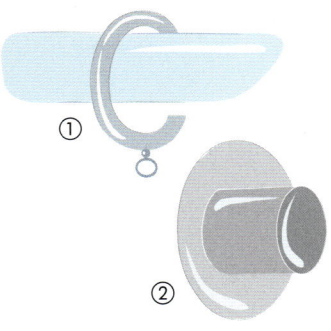

①

②

Spezielle Accessoires sind für Gardinen nötig, die von Wand zu Wand reichen: geöffneter Ring, der über einen Träger geführt werden kann ① und ein Wandlager ②.

Die Probleme, die sich bei diesen sehr hohen aber schmalen Erkerfenstern ergeben, werden durch den lichtdurchlässigen Vorhang mit akkuraten Vertikalfalten gelöst. Diese Vorhänge kann man – wie viele andere Fensterdekorationen auch – individuell zur Seite ziehen, um den Lichteinfall zu regulieren oder den Blick in den Garten freizugeben.

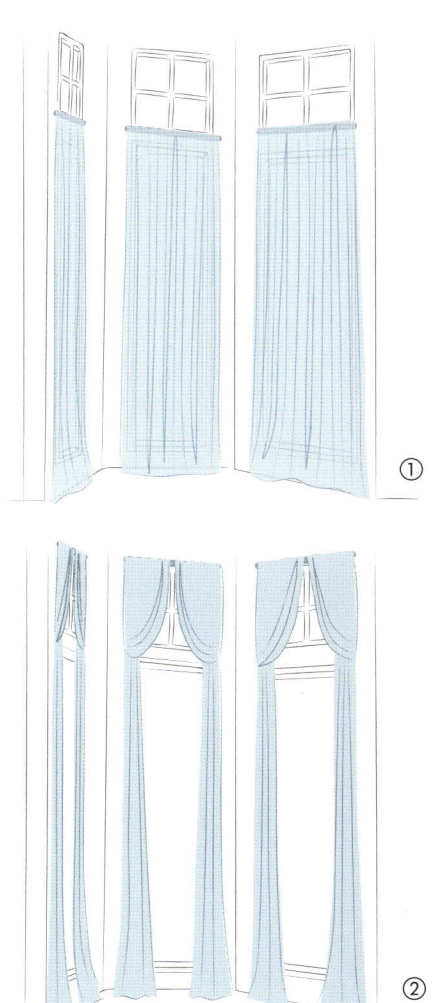

Leichte, gekräuselte Vorhänge ① oder klassische Schal-Drapierungen ② sind Gestaltungsvarianten für hohe, schmale Fenster.

Klassisch

Eine klassische Fensterdekoration reicht von eleganter Raffinesse bis hin zu opulenter Prachtentfaltung – dabei ist sie immer großzügig proportioniert und reichhaltig verziert. Für die Ausstattung von historischen Räumen bietet sich der klassische Stil besonders an, er lässt sich jedoch auch mit moderner Architektur verbinden.

Der klassische Stil mit seinen tiefen, üppigen Falten und drapierten Querbehängen lässt sich ideal mit einem zeitgemäßen Interieur vereinen. Aufwändige Girlanden und Volants, reich verzierte Schabracken oder Lambrequins vollenden den oberen Abschluss. Eine optimale Ergänzung stellen sowohl Raffrollos und gerüschte Wolkenstores in Kombination mit Seitenvorhängen dar, als auch Spring- oder Zugrollos mit verspielten Bogenkanten.

Wie bei allen Fensterdekorationen müssen auch beim klassischen Stil Stoffe, Accessoires und Verzierungen sorgfältig aufeinander abgestimmt werden. Wird ein einfarbiger Stoff favorisiert, passt beispielsweise eine schimmernde Seide oder ein schwerer

Samt besonders gut. Bei traditionellen Stoffmustern steht eine reichhaltige Auswahl bereit: wertvolle Damaste, florale Chintze, Seidenstickereien oder dezente Karos und Streifen. Soll der klassische Stil hingegen eine moderne Note erhalten, eignen sich großflächige grafische Drucke.

Auch bei den Abschlussbordüren sowie bei Verzierungen kann aus dem Vollen geschöpft werden: Fächer- und Kaskadenblenden, verspielte Fransen und gerüschte Raffbänder bieten sich an. Für aufwändig maßgeschneiderte Dekorationen kommen Kontrastbordüren, Schleifen und Raffrosetten gezielt zum Einsatz und bei der Verwendung einer Gardinenstange sind ornamentale Abschlussknöpfe raffinierte Hingucker.

Klassik mit einem Hauch Moderne – mit einem großflächigen Druck aus grafischen Motiven in kräftigen Farben und großen Ösen als Befestigung gelingt der Brückenschlag zur prunkvollen Raumarchitektur.

Panoramafenster

Bei raumhohen Panoramafenstern wirken unruhige Motive schnell erdrückend. In diesem Raum wird die elegante Wirkung durch den verschwenderischen Einsatz eines cremefarbenen Baumwollstoffs erreicht. In tiefe Falten gelegt hängen die überlangen, gebauschten Stoffmengen von den Gardinenstangen aus dunklem Holz. Raffkordeln unterstützen den skulpturalen Charakter und geben den Blick auf die dezenten, horizontalen Lamellen-Jalousienen frei.

Raffkordeln sind ein unverzichtbares Accessoires für den klassischen Stil. Sie können als Farbtupfer eingesetzt werden und vermitteln durch ihre seidige Textur einen Hauch von Luxus: Kordel mit Quast in kräftigem Rot und Grün ①, Seiden-Quast in gedeckten Farben ② oder mit geknoteten Troddeln ③.

Ein modern-klassischer Look wird gekonnt mit diesen imposanten zylindrischen Falten erzeugt. Die Standfestigkeit des Gewebes in Kombination mit der Ösen-Befestigung formt tiefe Relieffalten, die durch den Hell-Dunkel-Kontrast des Stoffs betont werden. Ein farblich abgestimmtes Rollo stellt eine stilvolle Ergänzung dar.

Für eine klassisch-traditionelle Oberkante können folgende Falten gewählt werden: zylindrische Falten ①, Kelchfalten ② oder Dreifachfalten ③.

Hochwertige Stoffe mit zurückhaltender Eleganz: dunkles Leinen in Leinwandbindung ①, Seidendamast ② oder gestreifter Seiden-Satin ③.

①

②

③

Erkerfenster

Fenster in einem Trapez-Erker zu dekorieren, erweist sich als gestalterische Herausforderung – vor allem, wenn zwischen Wand und Decke nur wenig Platz vorhanden ist. Eine intelligente Lösung stellt eine direkt über der Erkeröffnung befestigte Gardinenstange dar: Die massive Holzstange ist stabil genug um die kostbaren, überlangen Seidenvorhänge zu halten. Tiefe Falten und eine harmonische Kontrastblende vermitteln Eleganz und Behaglichkeit. Direkt an den Fenstern angebrachte Rollos ermöglichen eine einfach regulierbare Lichtregie.

① ② ③

Gemusterte Stoffe sind hier eine gute Wahl: fein gemusterter Damast ①, tiefrotes Veloursgewebe mit fächerartigen Blattmotiven ② oder Seidentaft mit lanzettförmigen Blattstickereien ③.

Ein breiter, aber wenig tiefer Erker eignet sich optimal für elegante Querbehänge. Eine reichhaltige Faltendraperie mit durchhängenden Raffbögen wurde hier akkurat über eine hölzerne Gardinenstange gelegt. Die Säume sind mit einer goldenen Fransenborde geschmückt. Um möglichst wenig vom Fenster zu verdecken, wurde der Querbehang sehr hoch angebracht. So werden weder der Blick ins Freie noch der Lichteinfall gestört – gleichzeitig wirkt der Raum höher. Hinter dem Querbehang ist zudem dezent das Zugsystem für die Seitenvorhänge verborgen.

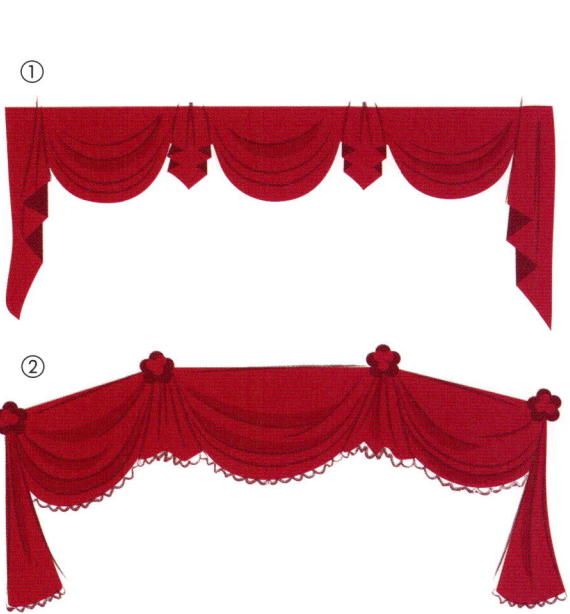

Aufwändige Querbehänge vermitteln eine gewisse Raffinesse: füllige Raffbögen mit Stoffkaskaden ① oder geraffter Querbehang mit Stoffrosetten ②.

Schiebefenster

Wenn zwei Schiebefenster dicht nebeneinander liegen, ist es sinnvoll sie wie ein einzelnes zu behandeln. Ein leichter Baumwollstoff in dezentem Hellblau mit cremefarbenem Karo-Muster vereint die beiden Fenster. Der drapierte Bogenquerbehang mit raffiniert geknoteten Raffpunkten und bodenlangen Seitenvorhänge unterstreicht die harmonische Gesamtwirkung des Raums.

①

②

③

Tonangebende

Farben beeinflussen die gesamte Atmosphäre eines Raums: vertikal Blau-Weiß gestreift ①, warmer Terracotta-Ton mit grünen Blüten ② oder luftig-weißer Stoff mit filigranen Motiven ③.

Nach oben aufschiebbare Fenster sind meist eher hoch als breit proportioniert. Dadurch ergeben sich gestalterische Möglichkeiten, die andere Fenstertypen eher überfrachten würden. Eine kastenförmige Schabracke mit fantasievoller Bogenkante ist hier mit taubenblauem Seidentaft bezogen. Pompöse Fransen- und Quastendekorationen rücken das leicht zurückgesetzte Fenster imposant in Szene. Die seitlichen Vorhänge aus identischem Material sind mit Raffhaken und Raffkordeln großzügig drapiert.

Dekorative Raffhalter mit floralen Motiven – geschnitzt aus Holz oder aus Kunstharz gegossen – sind zusammen mit Raffkordeln eine ideale Kombination.

①

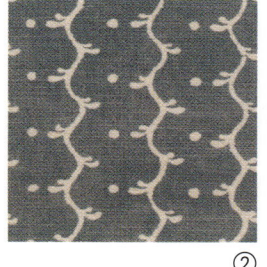
②

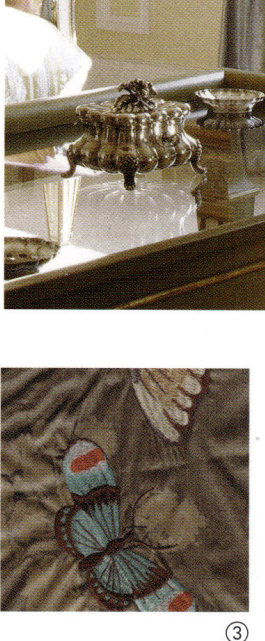
③

Der klassische Stil kommt ebenfalls auf gemusterten Stoffen zum Ausdruck: ein Damast mit stilisierten Blattmotiven ①, kleinrapportiges Rankenmotiv auf Leinen ② oder Seidentaft mit gestickten Schmetterlingen ③.

Eckfenster

Fenster, die einen sehr geringen Abstand zu einer Raumecke besitzen, schränken die Dekorationsmöglichkeiten ein. In diesem Fall wurde eine Lösung mit durch Falten schmal gehaltenen Karo-Vorhängen gefunden. Eine Betonung der Vertikalen erfolgt zudem durch den angesetzten Überwurf mit farblich abgestimmtem Troddelbesatz.

Angesetzte Querbehänge, die fest mit dem Vorhang verbunden sind, bieten viele Gestaltungsvarianten: Tropfenform mit Troddeln über Flämischen Falten ① oder gerüschter Überwurf mit Ringbefestigung ②.

Gardinenstangen aus Holz im klassischen Stil gibt es in unterschiedlichen Holzarten und Oberflächenbehandlungen: Transparente Lasur mit antikem Goldglanz ① oder Antikweiß ②. Beide Stangen ziert ein Schmuckende in Urnenform.

Kunsthandwerkliche Schmuckenden aus Metall setzen dekorative Akzente.

Wenn der Raum zwischen Fenster und Raumecke eher begrenzt ist, schafft ein Vorhang, der nur zu einer Seite gezogen werden kann, eine ausgewogene Balance. In diesem repräsentativen Gesellschaftszimmer vollendet der luxuriöse Querbehang die Gesamtwirkung. Die überbodenlange Schärpe der asymmetrischen Freihand-Draperie ist auf der dem Vorhang gegenüberliegenden Seite bauschig gerafft.

① ② ③

Klassische, florale Motive verleihen einem Raum eine feminine Note: großrapportiger Baumwolldruck mit Blütenmotiven ①, beigefarbene Seide mit filigraner Rankenstickerei ② oder traditioneller Baumwoll-Leinen-Damast ③.

Bogenfenster

Eine auf den ersten Blick ungewöhnliche Lösung: Die Vorhangstange wird unmittelbar unterhalb des Bogensegmentes angebracht. Dabei entspricht das Holzmaterial dem der dunklen Rahmen. Weil die Flügeltüren nach innen geöffnet werden, wurde die Vorhangstange seitlich verlängert, um genügend Platz für die zurückgezogenen Vorhänge zu garantieren. Die Gesamtkomposition mit dem Hell-Dunkel-Kontrast der überbodenlangen Vorhänge und dem freien Bogen wirkt wohl proportioniert.

Durch die Gestaltung der Vorhang-Unterkante können gezielt Akzente, Kontraste oder Übergänge geschaffen werden: eine an den Außenkanten und dem Saum angesetzte Fransenbordüre ①, ein applizierter Saumbesatz ② oder eine Rüschenbordüre ③.

Unterschiedliches Oberflächenfinish: gekalkt mit Kanneluren und Eichel-Schmuckende ①, Antikweiß ②, vergoldet mit Emblem ③.

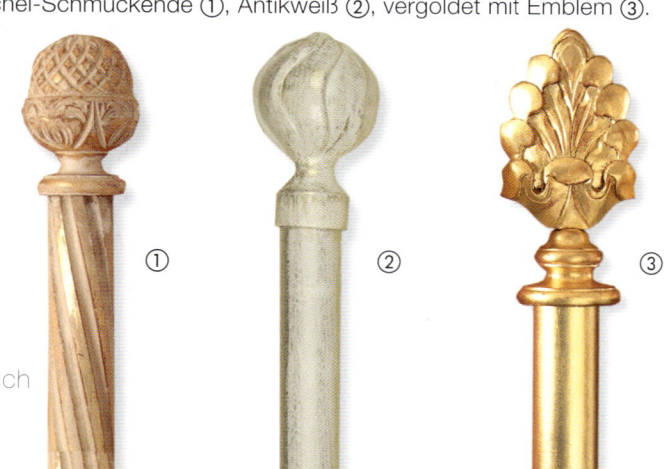

Textile Fensterdekorationen dienen nicht nur der Privatsphäre und regulieren den Lichteinfall, sie schaffen zudem eine Verbindung zwischen der Raum-Architektur und der Inneneinrichtung. Feste Installationen wie dieser maßgeschneiderte Vorhang mit akkuraten Kelchfalten besitzen oft ein verdecktes Zugsystem zur stilvollen Öffnung. Diese Technik kommt allerdings nur bei nach außen zu öffnenden Fenstern ideal zum Einsatz.

①

②

③

Mehrfarbige Stoffe setzen Akzente: Floral-Druck auf ungeblichenem Leinen ①, klassischer Baumwolldruck ② oder ein kostbarer Gold-Brokat ③.

Französische Fenster

①

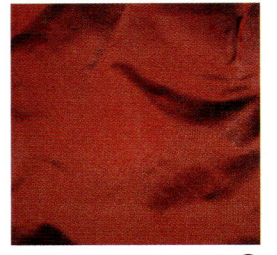

②

③

Die Höhe der französischen Fenster lässt sich durch die Verwendung der richtigen Materialien vorteilhaft und optisch beeindruckend nutzen. Diese imposanten Dreifachfenster eines Erkers sind durch die vergoldete Zierblende mit barocker Ornamentik in Kombination mit den bordeauxfarbenen Samtvorhängen glamourös in Szene gesetzt. Der lockere Fall des bodenlangen Samtes verbindet sich elegant mit der Geradlinigkeit der traditionellen, innenliegenden Fensterläden.

Mit Vorhanghaltern wie z. B. ornamentalen Raffhaken lassen sich Vorhänge formschön drapieren. Dieser dekorative Messing-Haken mit floralem Design verzaubert durch seine Antik-Patina.

Alternativen zu schweren Samten sind Stoffe mit Plattstich-stickereien ①, roten Samtblüten auf naturbelassenem Leinen ② oder Seidentafte ③.

Wenn die Vorder- und Rückseiten eines Vorhangs sichtbar sind – wie in dem Beispiel einer Verbindungstür zwischen Wohn- und Gartenraum – ist eine beidseitige Gestaltung erforderlich. Durch die punktartig emporgehobenen Schalvorderkanten entsteht ein kaskadenartiges Faltengebilde. Die Zweifarbigkeit lässt die Drapierung besonders lebhaft und reizvoll erscheinen.

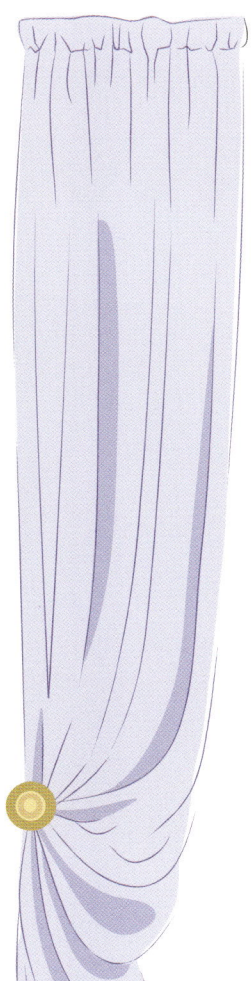

Um einem Vorhang einen zeltartigen Charakter zu verleihen, können Raffhalter auch sehr weit unten platziert werden.

Raffhaken können durch Raffhalter und Raffrosetten ersetzt werden, z. B. in stilisierter Form als Sonne ① oder Blüte ②.

①

②

Flügelfenster

Zierleisten und Schabracken – aus Holz gefertigt oder gepolstert und mit Stoff bezogen – können Schmuckmotive der Architektur reflektieren oder dem Raum zusätzlichen Charakter geben. Eine schmale weiße Profilleiste aus Holz umrahmt die Oberkante der schmalen Vorhangschals. Durch die punktierten Falten und die leichte Drapierung fließen die Stoffmengen weich zu Boden.

Dekorative Schabracken aus festem Material lassen gestalterischen Freiraum: Zickzack-Unterkante ①, Bogenform ② oder Bordürenbesatz ③.

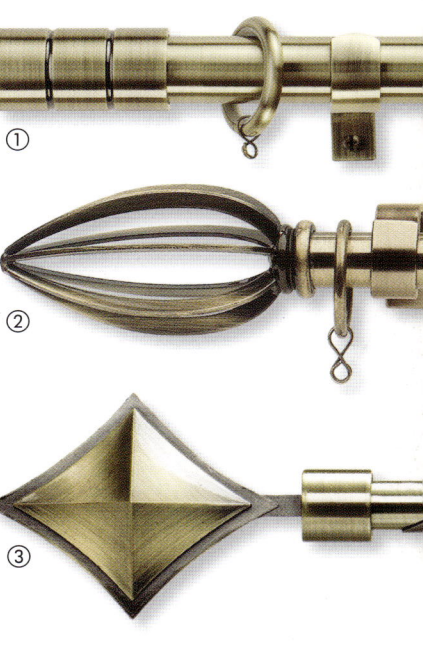

Vorhangstangen aus Edelstahl sind häufig mit modernen Schmuckenden versehen: Zylinderform ①, Zapfenform ② oder Rautenform ③.

Oberkanten eines Vorhanges können die Proportionen des Raumes ausbalancieren. Der schwere und gefütterte Vorhang besitzt beispielsweise einen angesetzten Querbehang. Durch die gepaspelte Außenkante der strukturierten Rüschen erhält dieser die notwendige Standfestigkeit. Ein Rollo aus horizontalen Holzlamellen ist unmittelbar vor dem Fenster befestigt und reguliert die Lichtverhältnisse und den Sichtschutz.

Für stark strukturierte Vorhänge eignen sich gut weiche Chenille-Gewebe ①, schweres Jarquard-Gewebe ② oder gefütterter Seiden-Dupion ③.

Türöffnungen

Vorhänge vor Türöffnungen oder Eingangsbereichen tragen dazu bei, unangenehme Zugluft zurückzuhalten. Die Funktion muss aber dabei nicht dem Stil weichen. Ein schwarzer Duchesse-Satin aus schwerer Seide ist mit einer goldenen Bordüre umfasst und bildet zwei Seitenschals sowie einen Querbehang unter einer kastenförmigen Zierleiste. Dieser rahmt den Eingangsbereich und korrespondiert mit den Schwarz-Weiß-Fotos der Bildergalerie.

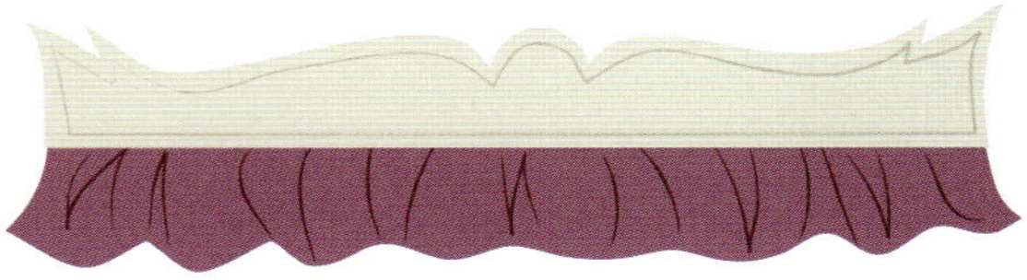

Formale Vorhang-Arrangements lassen sich gut mit Zierleisten verbinden: geschwungene Zierleiste mit Rüsche ①, kastenförmige Blende mit Rüsche und Bordüre ② oder aufwändige Schabracke mit Querbehang und Fransen ③.

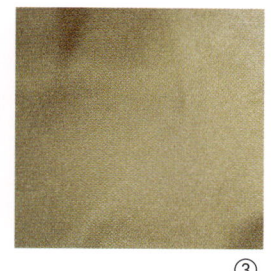

①　②　③

Um eine imposante Wirkung zu erzielen, sind hochwertige Stoffe unverzichtbar: ein Baumwoll-Schurwoll-Gewebe mit Medaillon-Muster ①, ein schimmernder Seidendamast ② oder ein goldener Seiden-Satin ③.

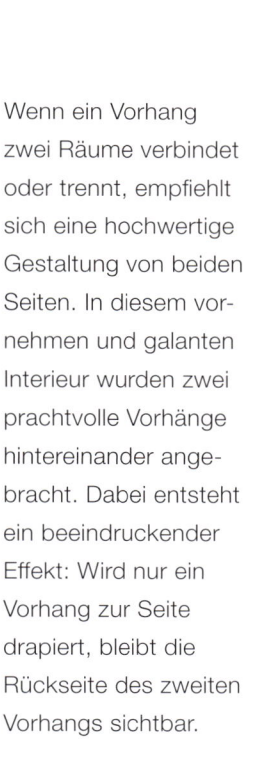

Wenn ein Vorhang zwei Räume verbindet oder trennt, empfiehlt sich eine hochwertige Gestaltung von beiden Seiten. In diesem vornehmen und galanten Interieur wurden zwei prachtvolle Vorhänge hintereinander angebracht. Dabei entsteht ein beeindruckender Effekt: Wird nur ein Vorhang zur Seite drapiert, bleibt die Rückseite des zweiten Vorhangs sichtbar.

Spitzbogenfenster

Dezente Farbpaletten in Pastelltönen: nilgrüne Seide mit Nadelmalerei ①, filigraner Druck in Grün und Creme ② oder hellblaues Gewebe mit weißen Blumen ③.

①

②

③

Ungewöhnliche Fensterformen verlangen ungewöhnliche Dekorationen, die ihre Besonderheit betonen: Dieses Spitzbogenfenster reicht komplett vom Boden bis zur Decke und erhält durch die Gestaltung der zweifarbigen Vorhänge einen mittelalterlichen Zelt-Charakter. Der schwere schwarze Samt wird mit einem leichten weißen Musselin kombiniert. Kordeln, Bordüren und Quasten unterstreichen die Giebelform und setzen prachtvolle Akzente.

① ②

Üppige Quasten sind ein beliebtes Dekorationselement: verspielter Quast in Orange und Gold mit Kugeln und Bändern ① und Quast mit Rosette und Troddeln in Blau und Gold ②.

Ein eleganter Wintergarten kann zeltförmig mit gestreiftem Stoff ausgekleidet werden und verwandelt sich dadurch in ein lichtdurchlässiges Refugium. Das komplexe Raumarrangement besteht aus einem schweren Vorhang im Eingangsbereich, leichten Vorhängen an den Fensterflächen und einem Querbehang mit Zickzacksaum, der die Form des Spitzbogens widerspiegelt. Der goldene Fransenbesatz korrespondiert mit der Rattan-Sitzgarnitur.

①

Der Besatz und Posamente können die Form eines Querbehangs definieren: Eine schmale Kontrast-Bordüre unterstreicht die Faltenstufen der Kellerfalten ①, die Troddeln mit Perlen verlängern die gestaffelten Wimpel ②.

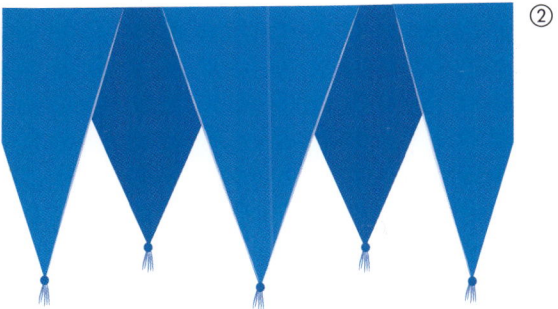

②

Stilmix

Beim Einrichten von Wohnräumen führen Kreativität und Einfallsreichtum oft zu einem unkonventionellen und originellen Stilmix. Hier fusionieren Materialien, Farben, Accessoires und Techniken in völlig unerwarteten Kombinationen. Das Aufheben traditioneller Stilmuster verleiht so gestalteten Räumen einen ganz besonderen Charme.

Ein solcher Stilmix kennt keine Konventionen und Traditionen, er ist nicht der Mode verpflichtet, aber immer spannend. In ihm verbinden sich klassische und zeitgenössische Design-Ideen sowie rustikale und verspielte Stile mit außergewöhnlichen Stoffstrukturen und lebendigen Farbmischungen. In einer Altbauwohnung mit architektonischen Details lässt sich ein solch individueller Stilmix ebenso verwirklichen wie in einem nüchternen Neubau.

Allerdings sollte man nicht einfach nur verschiedenste Elemente wild kombinieren, sondern durchaus überlegt vorgehen. So ist es sinnvoll, eine Art Ankerpunkt für die Dekoration zu wählen. Ein solcher Ausgangspunkt kann beispielsweise ein Lieblingsstoff

sein – vielleicht ein großflächiger Druck oder ein bestickter Voile – oder eine Vorliebe für bestimmte Farbkombinationen. Genauso gut lässt sich eine Raumdekoration aber auch passend auf ein besonderes Kunstwerk, Accessoires oder Sammelobjekte hin maßschneidern. Ist ein Vorhangstoff ausgesucht, können zudem ungewöhnliche Techniken zum Einsatz kommen, z.B. geknotete Querbehänge oder Ösen mit durchgefädelten Kordeln. Alternativ zu Raffhaltern eignen sich Perlenschnüre, Seidenblüten oder Flechtbänder. Irrisierende Knöpfe an Kanten und Säumen zaubern verspielte Lichtreflektionen und in Fransenborten werden leichteste Bewegungen und Schwingungen sichtbar.

Möchte man verschiedenste Stile vermischen, so dürfen Regeln gebrochen werden. In diesem Schlafzimmer stehen die gerüschten Samtvorhänge in einem leuchtenden Farb-Kontrast zu Pink, Orange und Stahlblau.

Flügelfenster

Um ein Flügelfenster gekonnt in Szene zu setzen, eignet sich ein einseitiger Vorhangschal, der mit einer pompösen Raffkordel drapiert wird. Zwar büßt man durch diese Draperie einen intensiven Lichteinfall ein, aber dies ist nicht in allen Räumen automatisch von Nachteil. Der mehrfarbig gestreifte Seidenvorhang ist an der Oberkante in akurate Kelchfalten gelegt und an den Faltstellen ist eine schimmernde Metallperle fixiert. Diese korrespondiert mit der Vorhangstange und den Ringen aus Messing.

Raffkordeln sind in unzähligen Farben und Variationen erhältlich. Eingearbeitete Perlen reflektieren das Licht und verleihen ein extravagantes Flair.

Um die Schlichtheit eines Flügelfensters zu überspielen, dürfen sich die Vorhänge mit leuchtenden
Farben in den Vordergrund drängen. Bei diesem
Fenster wechseln sich Stoffbahnen in einem leben-
dig-grünen Transparent-Stoff und einem schweren
dunkelgrünen Samt ab. Befestigt sind sie an einer
Vorhangstange. Durch den Tunnelsaum lassen
sie sich nur schwer verschieben, weshalb jeweils
vier Bahnen mit einem Schleifenband zusammen
gebunden sind. Das Licht schimmert nur gefiltert
durch die transparenten Stoffbahnen.

Raffbänder bieten viele Variationen: in der Stan-
dardvariante werden beide Seitenschals auf gleicher
Höhe gerafft ①, alternativ sind beide Schals mittig
zusammengebunden ②, bei der asymetrischen
Version sind beide Vorhänge auf unterschiedlichen
Höhen zusammengefasst ③.

Stoffe mit interessanten Oberflächen oder Strukturen ziehen die Blicke auf
sich: Kreismedaillon-Motiv ①, Knitter-Optik ② oder zweifarbiger Rips ③.

Bogenfenster

Bogenfenster verleihen allein schon durch ihre interessanten Formen dem Raum eine elegante Atmosphäre. Mit ungewöhnlichen und schicken Dekorationen werden sie zum Hingucker. In diesem stylischen Schlafzimmer erzeugt die violette Farbpalette einen stimmungsvollen Hauch von Luxus. Die transparenten Vorhänge harmonieren mit den bodenlangen schimmernden Satinvorhängen und unterstreichen effektvoll die extravagante Fächerform der Bogenfenster.

①

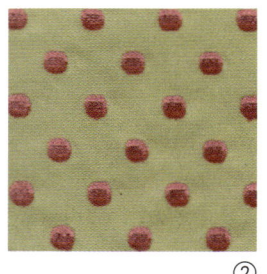

②

③

Ausgefallene Farbkombinationen und auch Mustermixe passen zu diesem Stil: Zweifarbendruck in Rosa und Graugrün auf Leinen ①, pinkfarbene Samt-Effekte auf hellgrüner Seide ② oder schwarzer Flockdruck auf Taft ③.

Auch zunächst ganz gegensätzliche Stile lassen sich geschmackvoll vereinen. Der formale Charakter des Interieurs wird durch die Farbkombination aus Gold und Violett mit Farbakzenten in Schwarz und Orange aufgelockert. Die vertikalen Lamellenvorhänge aus violettem Vinyl betonen die Schlichtheit der eleganten Bogenfenster und fügen das Raumkonzept harmonisch zusammen.

①

Rollos, die direkt der Fensterform entsprechen, eignen sich optimal, um den besonderen Charakter der Bogenfenster hervorzuheben: Ein Faltrollo in Standardausführung mit einem festen Fächerelement für den Bogen ①, ein Standardrollo mit einem separaten, maßgeschneiderten Faltrollo für den Bogen ② oder ein Raffrollo, das die Form des Bogens aufnimmt ③.

②   ③

Französische Fenster

Wenn der Platz neben den Fenstertüren limitiert ist, sollte man das Volumen des Vorhangs auf ein Minimum reduzieren. In diesem Fall ist der ungefütterte Vorhangstoff in schmale Flämische Falten gelegt, wodurch man die Materialfülle gering hält. Das großflächige Karomuster reflektiert die warme Farbpalette, die sich auch an den Wänden findet. Die massive dunkle Gardinenstange betont die horizonten Linien der Decken- und Wandleisten. Zudem korrespondiert sie mit den schwarzen Bilderrahmen.

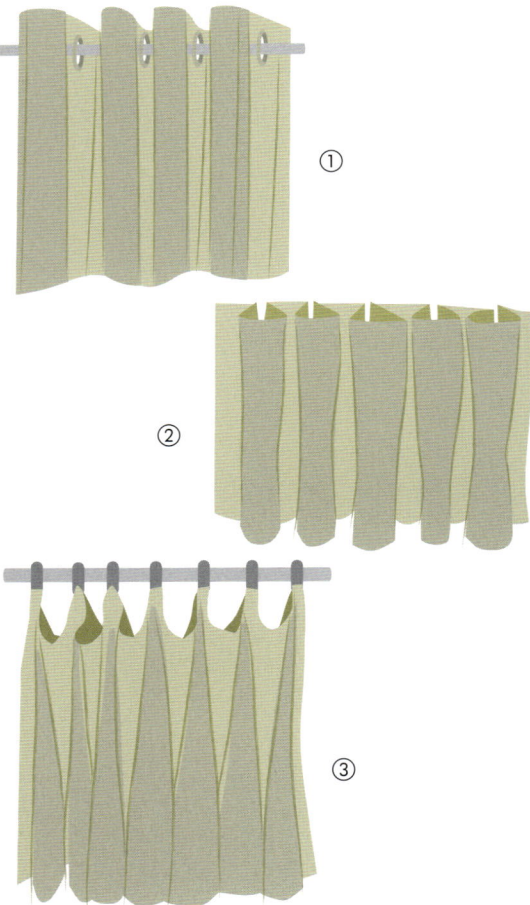

Eingenähte Falten garantieren eine exakte Faltenbildung und erzeugen Stoffvolumen: gereihte Falten ①, Kellerfalten ② oder Kelchfalten ③.

Schiebetüren

Manchmal ist es wünschenswert, den Lichteinfall in einen Raum zu reduzieren – so wie in diesem Esszimmer, das sich aufgrund seiner verglasten Dachfläche besonders lichtdurchflutet präsentiert. Ein bezaubernder schwarz-transparenter Seidenvorhang mit zarter Stickerei dämpft den Lichteinfall und verschleiert zugleich fast geheimnisvoll den Blick in den Garten. Mit verspielten Schleifen ist die Gardine an einer Stange aus Edelstahl befestigt.

Ist oberhalb des Fensters nur wenig Platz vorhanden, sind Metall-Gardinenstangen wegen ihres geringeren Durchmesser im Vergleich zu Holzstangen vorteilhaft. Besonders in Verbindung mit dekorativen Schmuckenden wirken sie anmutig und elegant: filigranes Blütendekor ①, Tulpenform ② oder Hakenform ③.

①

②

③

Wählt man transparente bzw. leichte Stoffe in dunklen Farben, empfehlen sich rubinrotes Leinengewebe ①, Gewebe mit Horizontalstreifen in Gold, Grau und Braun ② oder florale Stickerei in Brauntönen ③.

①

②

③

Französische Fenster und Schiebetüren

Schiebefenster

Vorhänge mit farblich kontrastierendem Futterstoff sind sehr beliebt und vielseitig einsetzbar. Sie wirken je nach Farbkombination ganz unterschiedlich. Sehr ausdrucksstark ist dieser kräftig-pinkfarbene Vorhang mit einem Futter in Orange. Beide Seiten sind sichtbar, wenn die Vorhänge des eleganten Schiebefensters zur Seite gezogen sind und mit einer Raffkordel gehalten werden. Die Gesamtwirkung des Raums überzeugt durch seine Verbindung von klassischen Elementen mit leicht orientalisch anmutenden Mustern, Strukturen und Farben.

①

②

③

Auch andere Farbkonzepte könnten in diesem Raum funktionieren: Türkis, Grün und Blau ①, Rot, Weiß und Blau ② oder Schwarz mit Silber und Gold ③.

Kleine Räume erfordern gut durchdachte Vorhang-
systeme. Dieses schmale Esszimmer schmückt ein
Vorhangschal, der aus vier vertikalen Farbstreifen
besteht. Da er links neben das Fenster aufgezogen
wird, behindert er nicht den Zugang zum Schrank.
Die dünne Gardinenstange aus Metall wurde dafür
linksseitig verlängert und bietet so genügend Platz
für das komplette Aufziehen des Vorhangs. Dies
ist wichtig, damit möglichst viel Licht ins Zimmer
fallen kann.

① ②
③ ④
⑤ ⑥

Bedruckte Stoffe als Alternative: großflächiger
Blütendruck ①, lebhaftes Tulpen-Motiv ②, durch-
brochene Wellenlinien ③, Blütenstickerei ④, chinoi-
se Motive auf unifarbenem Damast ⑤ oder mono-
chromer Druck mit Essbesteck-Motiv ⑥.

Individuelle Ansätze

Da der Stilmix keinen festgelegten Regeln folgt, sind der Fantasie und dem Erfindungsreichtum keine Grenzen gesetzt, um außergewöhnliche Lösungen für ein Fenster zu finden. Für dieses unkoventionelle Esszimmer dient die britische Nationalflagge als origineller, lichtdurchlässiger Vorhang.

①

Alternative, witzige Fensterdekorationen sind auch handgefertigte Glasmalereien ①, einfache Vorhänge aus Plaid-Resten mit Fransen ② oder Vorhänge aus Tarnnetzen ③.

②

③

Ein raffiniert-genialer Einfall für ungeliebte CDs: Wie Perlen zu Ketten sind sie aufgefädelt und hängen dicht aneinandergereiht in schmalen, glitzernden Streifen herab. Schon ein leichter Hauch bringt diesen originellen Vorhang in Schwingung, was bei entsprechendem Lichteinfall zu unzähligen bestechenden Lichtreflektionen führt. So wird aus dieser primär als Sichtschutz gedachten „Resteverwertung" ein originelles und attraktives Design-Objekt.

Panoramafenster

In diesem Zimmer wurde das gesamte Interieur auf das Fenster und den direkt daran anschließenden Garten ausgerichtet. Die bodenlangen Vorhänge aus orangefarbenem Seidentaft mit roten aufgedruckten Kreismotiven definieren die Raumgrenze und können bei Bedarf leicht zugezogen werden. Eine unsichtbar in die Decke eingelassene Gardinenschiene gewährleistet einen nahtlosen Übergang zwischen Drinnen und Draußen.

Gardinenbänder werden von hinten an den Stoff genäht und sind mit Zugschnüren versehen. Sie ermöglichen beim Nähen eine gleichmäßige Faltenbildung: schmale Kräuselfalten mit einer flachen Kräuselung und oberen Köpfen ①, präzise und elegante Bleistiftfalten ② oder transparentes Netzband für leichte Stoffe ③.

 ①  ② 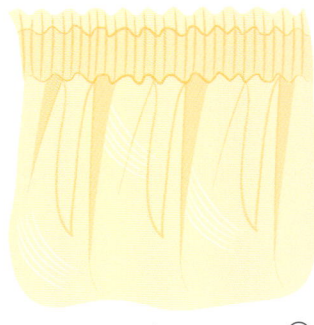 ③

Markante Schmuck-enden schließen massive Holzstangen gut ab: Kugel-form ①, Flachpyramide ② oder Urnenform ③.

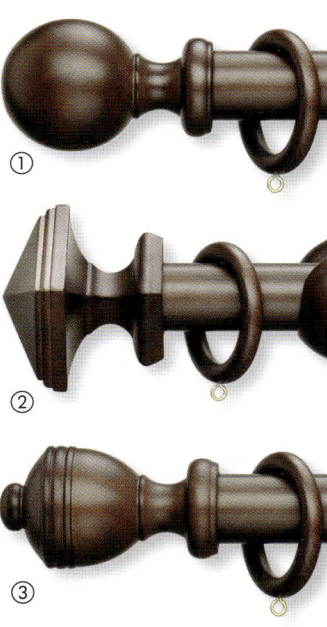

①

②

③

In manchen Räumen dienen die Vorhänge in er-ster Linie als dekorative Fensterrahmung und sind nicht unbedingt zum Zuziehen gedacht. Bei diesem Panoramafenster erfüllt das Holzlamellen-Rollo die Funktion des Sicht- und Lichtschutzes. Der Ton des dunk-len Holzes findet sich in anderen Einrichtungs-gegenständen wieder und unterstreicht die warme und raffinierte Atmosphäre des Raumes, in der Gold- und Rottöne dominieren. Die fein gekräuselten und gestreiften Vorhänge sind fest an der Gardie-nenstange fixiert und runden das Raumkonzept ab.

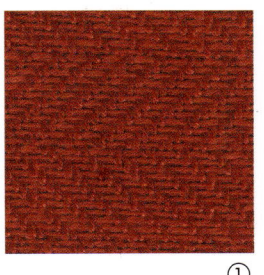

①

②

③

Eine effektvolle Oberflächenstruktur ist auch bei schweren Stoffen interessant: ein mattglänzendes Leinenmischgewebe in Fischgratbindung ①, leinwandbin-diger Streifenbaumwollstoff ② oder strukturierter Streifensamt ③.

Problematische Fenster

Kräftige und leuchtende Farben beleben die Wirkung eines Stoffes: moderner Vielfarbendruck auf leichter Baumwolle ①, reich bestickte Seide ② oder zart bestickter Leinenstoff ③.

①

②

③

Bei schrägen Deckenkonstruktionen steht häufig für eine Fensterdekoration nur wenig Platz zur Verfügung – so wie in diesem Badezimmer mit Dachschräge. Bei nach innen zu öffnenden Flügelfenstern sind Rollos nicht immer die beste Lösung. Alternativ wurde hier eine schmale Gardinenstange direkt über dem Fenster angebracht und ein grasgrüner transparenter Vorhang mit gerüschter Oberkante aufgehängt. Bei Bedarf lässt er sich mit Schleifenbändern zurückbinden.

Für komplizierte Fensternischen bieten sich verschiedene Rollovarianten an: Faltrollos wirken freundlich und geordnet ①, bauschige Wolken-Raffrollos vermitteln Romantik ② und Wickelrollos sind empfehlenswert, wenn die Rollolänge selten verändert wird ③.

①

②

③

In diesem Schlafzimmer wurde das Bett mittig zwischen beiden Fenster platziert und lässt so nur wenig Raum für die Fensterdekoration. Ein einfacher bodenlanger Vorhangschal für jedes Fenster bietet hier die Lösung: In Kelchfalten gelegt und mit einem Posamentenbesatz an den Außenkanten werden sie von je einer Raffkordel mit Quasten an Raffhaltern hochdrapiert. Bringt man die Raffhalter so hoch an wie hier, entstehen elegante Bogenfalten. Sie wirken nicht nur attraktiv, sondern lassen auch mehr Licht in den Raum.

①

②

③

Posamenten sind hochwertige Besatz- und Schmuckelemente, die z.B. an Außenkanten dekorative Highlights setzen: Kordelfransen ①, Kordelfransen mit zweifarbigen Troddeln ②, Perlenbesatz mit violetten Glasschliffperlen ③.

Romantisch

Der romantische Stil verbindet Schönheit mit einer femininen Note. Weiche, geschmeidige Stoffe mit Rüschen, Drapierungen und Volants verführen die Sinne. Ob eine einfach gekräuselte Oberkante mit Tunneldurchzug oder drapierte Querbehänge mit lose fallenden Seitenteilen – der Akzent liegt auf anmutig und liebevoll in Szene gesetzten, ausgewählten Textilien.

Für eine romantische Fenstergestaltung ist die Wahl des richtigen Stoffes der erste und wichtigste Schritt: oft genügt ein zart-geblümter Chintz, eine filigran bestickte Seide oder ein hauchdünner Spitzenstoff. Passende Muster reichen von floralen Motiven über unterschiedliche Streifendessins bis hin zu Karos. Die beste Wirkung lässt sich mit leichten und locker gewebten Stoffen erzielen, aber auch dichteres Gewebe, verziert mit Fransenborten oder Rüschen, unterstreicht den romantischen Eindruck. Die passende Farbpalette beinhaltet gedeckte und neutrale Farben, die mit zarten, blass-gedämpften Pastelltönen kombiniert werden.
Als typische Accessoires einer romantisch-verspielten Dekoration gelten vielfältig einsetzbare Fransen, Perlen, Federn, Pompons, Rüschen und Schleifen. Besonders eindrucksvoll sind ebenfalls Girlanden aus zart-schimmerndem Perlmutt oder funkelnde Perlen aus facettiertem Glas. Den letzten Schliff bekommen romantische Vorhänge, wenn sie durch üppige Drapierungen und Raffungen in Szene gesetzt werden. Zarte Raffbänder und elegante Raffkordeln sowie Raffhalter aus Metall garantieren den gewünschten Effekt. Gardinenstangen aus lack-iertem Metall oder auch aus Holz soll-ten die Gesamtwirkung nicht dominieren. Als unsichtbare Helfer zur Vollendung des romantischen Stils eignen sich Accessoires wie Nadeln und Hacken für zarte Fältelungen und zum Fixieren der Drapierungen.

Einfache, bodenlange Vorhänge aus einem leicht-seidigen Stoff lassen diesen weiblich-anmutenden Raum in einem romantischen Licht erscheinen.

Schiebefenster

Oberkanten mit Tunneldurchzug eignen sich für einfache, glatte Scheibenhänger ① genauso gut wie für gekräuselte Kanten mit Köpfchen ②.

Bei der Ausstattung eines Badezimmers sollte man sich vorrangig an funktionalen Aspekten orientieren. Da der Vorhang Dampf und Spritzwasser ausgesetzt wird, empfiehlt sich ein möglichst pflegeleichter Stoff. In diesem verträumten Bad wäre ein bauschiger Vorhang in direkter Nähe zur Badewanne problematisch – deshalb kam ein weicher, transparenter Stoff zum Einsatz. Er wird durch eine feine Kräuselung an der Oberkante und verspielte Raffbänder in Form gebracht. Als Sichtschutz dient ein zusätzliches Scheibenelement.

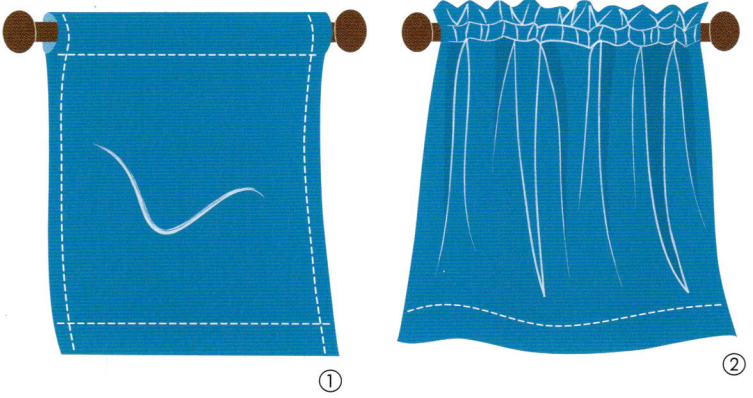

① ②

Vorhänge mit gekräuselter Oberkante und eingezogener Gardinenstange sind meistens fest montiert und können so nicht zugezogen werden. Ein
Rollo bietet sich als Ergänzung an, wenn ein Sicht-
oder Lichtschutz gewünscht ist. Zudem kann ein
dezent-geschwungener Rollo-Saum den romantischen Eindruck verstärken. Bei diesem Fenster
wurden Seidenvorhänge mit einer zarten Blumen-
Stickerei an der Oberkante stark gekräuselt und an
einer Gardinenstange aus Messing befestigt.

① ②

③ ④

Stoffe mit feinem, floralem Muster eignen sich
gut für den romantischen Stil. Goldfarbene Seide
mit handgemalten Lilien ①, grober Leinenstoff mit
Stickerei ②, einfarbige Seide mit Goldstickerei ③,
spitzenartig bestickter Baumwolldruck ④.

Erkerfenster

Der romantische Stil kann sich auch kräftig-farbig und sinnlich präsentieren – wie hier mit schwerem Damaststoff, floralen Motiven und dunklen Farbschattierungen in Rot und Bordeaux demonstriert. Die tiefen Faltenbögen des bodenlangen Vorhangs umrahmen das Erkerfenster stilvoll. In Verbindung mit den üppigen Kissenvariationen und dem Sesselbezug kommen die farblich abgestimmten Damaststoffe gelungen zur Geltung.

Beispiele reich strukturierter Textilien für sinnliche Romantik: bordeauxfarbenes Chenille-Gewebe ①, Baumwolldamast in Rot und Beige ②, dichter Seidendamast ③ und bestickter Baumwollstoff ④.

Der lichtdurchflutete Raum mit großen Erkerfenstern verlangt nach einer zarten Dekoration. Für ein entsprechend romantisches Flair sorgt hier ein semi-transparenter Gaze-Stoff, der direkt vor die Erkerfenster gezogen werden kann. Eine flexible Gardinenstange – in der Rundung des Erkers befestigt – dient als Führungsschiene. Sie ist allerdings nur für leichte Gardinen zu empfehlen.

① ②

Für eine elegante und romantische Note sorgen dezente Raffkordeln, die man wunderbar um leichte Vorhänge drapieren kann.

In sehr breiten und geräumigen Erkern, die ausreichend Platz zwischen den Fenstern bieten, kann man vier ① oder sogar sechs ② einzelne Vorhänge aufhängen.

Panoramafenster

Bordüren bieten eine wunderbare Möglichkeit verschiedene Stoffe harmonisch aufeinander abzustimmen. In diesem hübschen Schlafzimmer wurden an den hellgelben Fenstervorhängen schmale Streifen-Bordüren an den Vorhang-Außenkanten angesetzt. Diese entsprechen der gestreiften Betteinfassung und passen farblich ebenso zu den bestickten Bettvorhängen.

① ② ③

① ② ③

Um einen natürlich-frischen Romantik-Look zu erzielen, wählt man z.B. leichte Baumwollstoffe mit klarer Karo-Struktur ①, einfarbige Leinenstoffe mit Stickereien ② oder gedruckte Pastellstreifen auf Baumwoll-Satin ③.

Romantisch-verspielt wirken die Oberkanten mit Ringen und Stoffschleifen ①, Flämischen Falten ② und Ösen mit Stoffschleifen ③.

Für ein Panoramafenster, das den Blick auf eine stilvolle Garten- oder Landschaftsgestaltung freigibt, reicht ein romantisch anmutender Schal als Rahmung aus. Eine Gardinenstange aus Holz unterstreicht die natürliche Anmutung – der leichte, zart-florale Baumwollstoff mit zwei durchhängenden Raffbögen und langen Seitenvorhängen ist locker drapiert. Ein paar Steppstiche sichern die Falten dauerhaft.

Gardinenstangen aus Holz gibt es in verschiedenen Sorten und Qualitäten, wie z.B. helles Nadelholz ①, helle Eiche ②, dunkle Eiche ③ und Mahagoni ④.

① ② ③ ④

Kleine Fenster

Gerüschte Scheibenhänger eignen sich sehr gut zum Dekorieren kleinerer Fenster. Dabei gilt es, möglichst leichte und lichtdurchlässige Stoffe zu verwenden. Dieses kleine Dachgaubenfenster wurde mit einem Kaskaden-Raffrollo ausgekleidet. Um den gebauschten Charakter auch bei geschlossenem Rollo zu erhalten, muss der Stoff länger sein als die Fensteröffnung. Besonders gut sieht dieses Rollo aus, wenn es nicht zu weit nach oben gezogen wird.

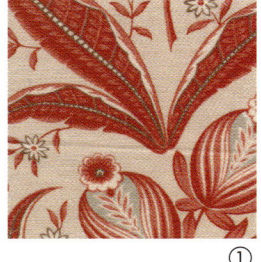
①

②

③

④

Traditionelle Streublumenmotive wirken besonders romantisch. Ein klassischer Druck auf einem rosa Baumwoll-Leinen-Stoff ①, zierliche gedrückte Blumen auf einem rosa Baumwoll-Leinen-Stoff ②, Streumuster auf einem Baumwoll-Chintz ③ und ein Pastell-Druck auf Baumwoll-Satin ④.

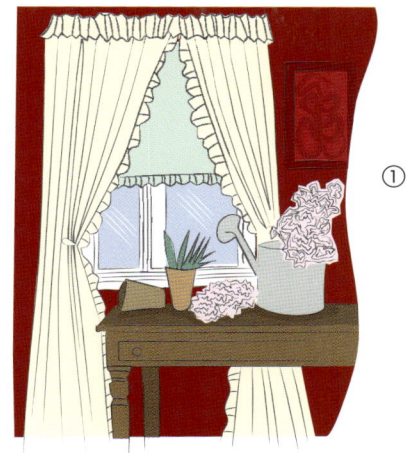

Es gibt verschiedene Möglichkeiten ein schmales Fenster größer wirken zu lassen. In diesem Raum wurden die bodenlangen Vorhänge und das Rollo weit über dem Fenster befestigt und die Verarbeitung wie auch die Farbigkeit korrespondiert mit der Wanddekoration. Dadurch wirkt das Fenster größer. Die üppig gekräuselten Vorhänge, das Rollo sowie der schmale Querbehang mit Tunneldurchzug und gerüschtem Köpfchen sind an den inneren bzw. unteren Säumen mit Rüschen versehen. Dadurch erhält der Raum eine dezent-verspielte Atmosphäre.

Betonen lassen sich Fenster, wenn man Stoffe wählt, die in einem deutlichen Kontrast zu anderen Farben im Raum stehen. Allerdings können Fenster so auch kleiner wirken: heller Vorhang zu dunkler Wand ①, grün-türkisfarbener Vorhang zu violetter Wand ②, magentafarbener Vorhang zu grasgrüner Wand ③.

Flügelfenster

Flügelfenster eignen sich hervorragend für eine Dekoration im romantischen Stil. Das lichtdurchflutete
Schlafzimmer schmückt eine Gardine aus dünnem, zart gestreiftem Baumwollstoff mit gekräuseltem Tunnelzug und eingezogener Gardinenstange.
Eine Raffkordel und dekorative Metallhaken halten
die Vorhänge offen. An der Vorhanginnenseite sind
dezente Rüschen angebracht.

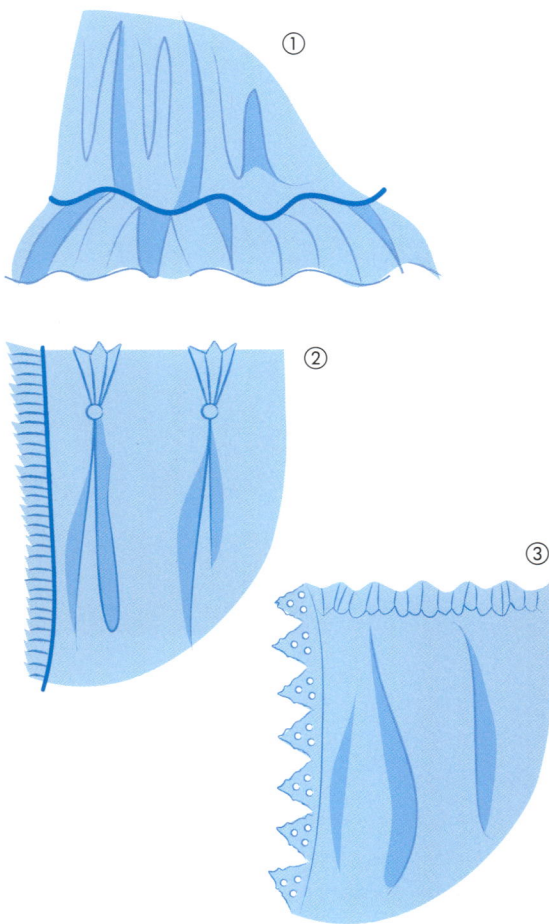

An Säumen oder Kanten angesetzte Borten und
Rüschen betonen den verspielt-romantischen Charakter und schaffen weiche Übergänge: Rüsche aus
demselben Stoff wie der Vorhang ①, Plissee-Falte in
einer Kontrastfarbe ②, und Borte aus Spitze ③.

Dekorative Metall-elemente können bei leichten Stoffen ebenfalls als Raffhalter eingesetzt werden.

Der romantische Stil muss nicht immer traditionell-verspielt sein. Bei diesen doppelten Flügelfenstern wurde eine moderne Note durch die horizontal gestreiften Vorhänge in den Farben Pink, Gold und Rosa erreicht. Die einfarbige, pinkfarbene Ober-kante ist aus opakfarbenem Satin-Stoff gefertigt und wirkt wie ein Querbehang. Dies lenkt den Blick nach oben und lässt den Raum insgesamt höher wirken.

①

②

③

Natürlich-romantisch wirken leicht gewebte und dünne Baumwoll-stoffe: hellblaue Streifen auf gebleichter Baumwolle ①, altrosé und tauben-blaue Streifen im Wechsel ②, und breite Streifen in Weiß und Hellblau ③.

Französische Fenster

①

②

③

Französische Fenster, die nach innen geöffnet werden, brauchen an den Seiten ausreichend Platz für die Gardinen. Bei diesen Doppel-Türen setzt ein schwerer roter Vorhangstoff Akzente. Die schmale, karierte Bordüre an den Innenkanten lockert die Einfarbigkeit etwas auf. Dieses kleine dekorative Element verbindet den Blick in den Landschaftsgarten mit der übrigen Innenausstattung und schafft einen weichen Übergang.

Einen erhabenen Eindruck erwecken schwere Stoffe mit verspielten Blumenmotiven: ein bezauberndes Baummotiv mit rosa Blüten auf Leinen ①, fein gewebter Satin-Damast mit weißen und rosafarbenen Blüten auf ungeblichenem Leinen ②, stilisierte Blüte in Pink und Weiß auf Leinen ③.

Werden Französische Fenster zur Gartenseite hin geöffnet, ergeben sich unzählige Möglichkeiten für die Vorhanggestaltung. Denn nur dann kann man beispielsweise Querbehänge tief herunterhängen lassen. Hier wurden drei Raffbögen mit gelegten Falten und herabhängenden, kaskierenden Seitenteilen gewählt. Die gedämpfte Farbigkeit des Blütenstoffes ergänzt den Stil des Wohnzimmers.

Für weniger formal gestaltete Vorhänge können Vorhangschals aus leichtem Stoff locker um die Gardinenstange drapiert werden: eine asymetrische Draperie ① und ein übergelegter Dreifachschal ②.

Problematische Fenster

Spitze ist einer der Lieblingsstoffe für eine romantische Dekoration – besonders in Schlafzimmern: Spitze mit Farn-Motiven ①, ein traditionelles Rosenmotiv ② und ein grober Spitzenstoff mit Rosenblüten ③.

①

②

③

Dieses Bogenfenster bereitet gleich mehrere Schwierigkeiten: Es ist klein und oberhalb des Bogens ist kein Platz für eine Gardinenstange. Der Heizkörper und die nach oben führende Treppe erschweren die Gestaltung zusätzlich. Aber auch hier wurde eine attraktive Lösung gefunden: ein Faltenrollo aus einem lichtdurchlässigen Stoff für den rechteckigen Bereich und für den Bogenbereich eine punktierte Raffung mit einem zentrierten Raffknoten.

Ein Giebelfenster, das dicht unter dem angeschrägten Giebel eingelassen ist, gibt dem Raum ein Maximum an Licht. Um die niedrige Deckenhöhe zu überspielen, sind die zarten Spitzengardinen hier an einer Gardinenstange direkt an der oberen Gaubenöffnung angebracht. Hübsche Schleifen dienen an der unteren Fensterkante als Raffhalter. Die durchscheinende Spitze garantiert tagsüber eine optimale Lichtdurchlässigkeit. Ein zusätzliches Rollo kann – direkt vor der Fensterscheibe angebracht – als diskreter Sichtschutz zugezogen werden.

Sollen die Vorhänge näher am Fenster platziert werden, muss die Gardinenstange in der Giebelöffnung angebracht werden. Die Raffhalter können entweder an den Fensterrahmen ① oder an den Giebelwänden ② befestigt werden.

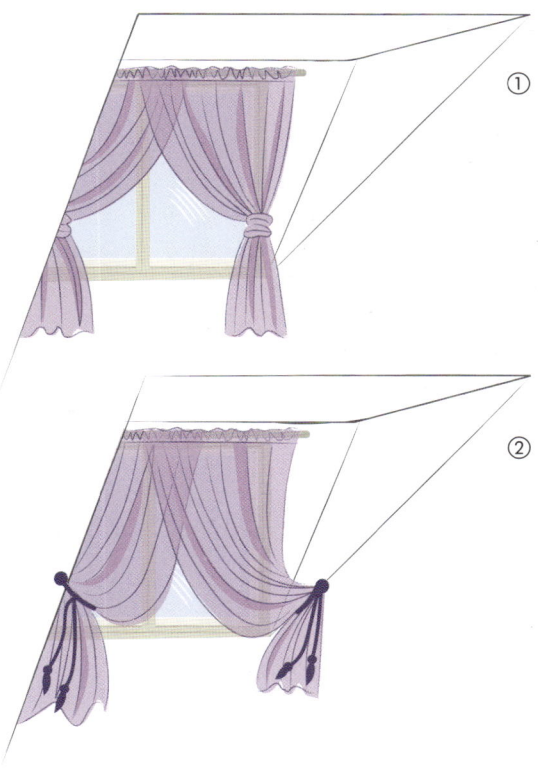

Ornamentale Clips wie dieses vergoldete Blütenkränzchen untersteichen besonders in Verbindung mit Spitze den romantisch-verspielten Touch.

Rustikal

Ein friedvolles Leben auf dem Lande, fernab von Hektik und Stress; in weiten Landschaften und frischer Luft den Körper entspannen und die Seele baumeln lassen – wer träumt nicht manchmal davon. Der rustikale Stil bringt ein Stückchen ländliche Idylle in die eigenen vier Wände.

Vor allem die der Natur abgeschauten warmen und erdigen Farbtöne sind wichtiges Gestaltungselement für einen ländlich-rustikalen Stil und verleihen Räumen einen entsprechenden Charakter. Am besten gelingt dies natürlich in ländlichen Domizilen – ob herrschaftlicher Landsitz oder kleines Landhaus, sanierter Bauernhof oder umgebaute Scheune. Mit etwas Geschick kann man aber auch einem modernen Stadthaus rustikales Flair verleihen.

Dieser Stil ist erfrischend, zeitlos und gediegen – wie das Landleben selbst. Fensterdekorationen präsentieren sich häufig einfach und funktional – eine entsprechende Wirkung erreicht man durch reduzierte Verzierungen: Einfache Vorhänge mit Standardkräuselung, Tunnelsäumen oder schmalen Bleistiftfalten, die entweder bodenlang sind oder bis zum Fensterbrett reichen.

Schlichte Falt- oder Schnürrollos sind genauso beliebt wie Gardinenstangen aus Holz oder Schmiedeeisen mit schnörkellosen Schmuckenden.

Als ideale Vorhangstoffe erweisen sich grobe Karo- oder Streifengewebe aus Leinen oder Baumwolle. Doch auch Floraldrucke oder ein traditioneller Toile-de-Jouy-Druck, beispielsweise auf glänzendem Baumwoll-Chintz, eignen sich für die rustikal-ländliche Einrichtung. Sinnvoll ist es, sich bei den Farben auf zwei Hauptfarben zu beschränken. Auf diese Weise kommen nicht nur kleingemusterte Drucke besonders gut zur Geltung, sondern auch unterschiedliche Muster lassen sich harmonisch miteinander kombinieren. So erzeugen Floraldrucke mit Streifen- oder Karos oder sogar mit kleinformatigen Paisley-Mustern für attraktive Blickfänge und rustikalen Touch.

Warme Farben und weiche Texturen schaffen in diesem Wohnzimmer im rustikalen Stil eine behaglich ländliche Atmosphäre. An einer ungewöhnlichen Gardinenstange – einer Gartenharke – sind lange Leinen-Vorhänge befestigt.

Flügelfenster

Dieses unkomplizierte Flügelfenster eignet sich perfekt für eine Dekoration im rustikalen Stil. Die helle Holzvertäfelung des Schlafzimmers passt besonders gut zu dem weißen Voile-Vorhang, der mit einem Gänseblümchen-Motiv bestickt ist. Der fensterlange Vorhang ist an der Oberkante mit einem gerüschten Tunneldurchzug und am Saum mit einer zarten Bogenkante versehen. Der leichte Stoff schützt die Privatsphäre und sorgt für einen schönen Lichteinfall. Um die Öffnung des Fensters nicht zu blockieren, kann z. B. eine Gardinenstange als Schwenkarm montiert werden.

Oberkanten können sehr schlicht gestaltet sein: gerüschter Tunneldurchzug mit Köpfchen ①, Standardkräuselung ② oder einfacher Tunnelsaum ③.

①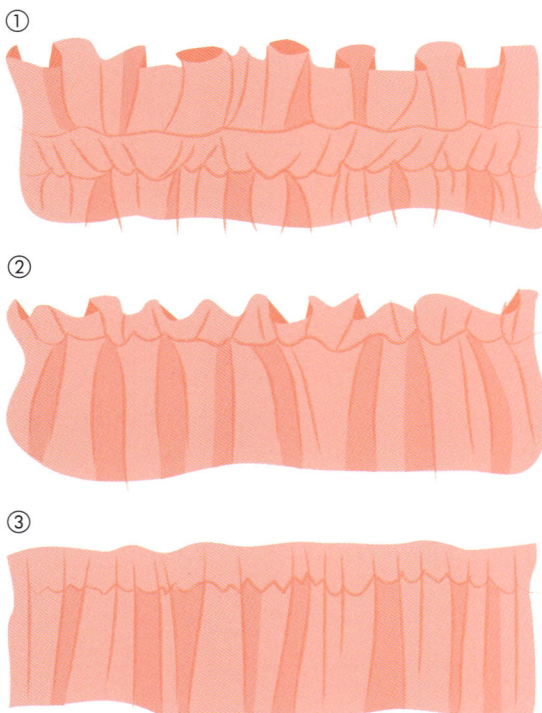

②

③

①

②

③

Leichte, strukturierte Stoffe sind für den rustikalen Stil ideal: Lochmusterstickerei ①, Gänseblümchen auf Tüll ② oder Libellen auf Seide ③.

Vorhanghalter

aus Metall und Holz gibt es in unterschiedlich patinierten Oberflächen: schimmernde Raffrosette ①, Flachpyramide mit goldfarbenem Antik-Effekt ② oder mattierter Gold-Effekt ③.

Stoffe mit Karo-Muster gelten geradezu als Synonym für ländliches Ambiente. In diesem Fall wurde ein rot-weiß-karierter Gardinenschal über zwei handgeschnitzte Raffhalter mit Rosetten-Motiv drapiert. Der helle Futterstoff korrespondiert mit der Wandvertäfelung und dem Fensterrahmen. Diese Gestaltungsvariante hat vor allem dekorativen Wert und stellt keinen Sicht- und Lichtschutz dar. Für solche Zwecke wäre ein Rollo eine praktische Ergänzung.

Eckfenster

In diesem ländlich-inspirierten Interieur sind Streifen mit Blütenmustern und Karos kombiniert. Alternativ bieten sich an: schmales Streifendesign in Fischgrat-Technik ①, blaues Karomuster auf Leinen ② oder zartblauer Damast mit floralem Motiv ③.

①

Großflächige, über Eck liegende Fenster bieten häufig besondere Ausblicke. In diesem ländlichen Wohnzimmer rahmen die Vorhänge das herrliche Panorama und unterstreichen zudem das Wohndesign. Die parallelen Deckenbalken und schmalen Fensterrahmen finden Anklang in den breiten roten, beigen und schwarzen Streifen des Vorhangs.

②

③

Treffen zwei Fensterflächen in einer Raumecke aufeinander gilt es die Vorhanggestaltung darauf abzustimmen. In diesem Fall bilden zwei Doppelvorhänge mit tiefem Faltenwurf die optimale Ecklösung. Durch die unterschiedlichen Längen der einzelnen Gardinen entsteht zudem eine interessante Wirkung: Die linke Untergardine ist bodenlang, die rechte fensterlang. Die florale Übergardine hingegen, die sich nicht zuziehen lässt, ist überbodenlang und wird durch raffinierte Blütenraffbänder in Form gehalten.

Originelle Gardinenstangen-Schmuckenden oder Raffhalter in Widderkopf-Form.

Schiebefenster

Große Schiebefenster eignen sich dank ihrer Proportionen optimal für imposante Dekorationen. Dieses Fenster schmückt ein Karo-Stoff in kräftig-leuchtenden Farben. Die beiden Seitenvorhänge reichen bis zum Boden und der Querbehang liegt stilvoll über der weißen Holz-Gardinenstange, wobei die Kaskadenschärpen bis zur Fensterunterkante reichen.

Die Proportionen einer Gardine – also Länge, Breite und Volumen der Vorhänge – beeinflussen die Wirkung eines Fensters maßgeblich: mit langen Vorhängen wirken hohe Fenster schmaler ①, breite Fenster werden durch kurze Vorhänge und drapierte Querbehänge optisch gestreckt ② oder in Kombination mit bodenlangen Seitenteilen und mittig gerafftem Querbehang optisch vergrößert ③.

Stoffe mit Natur-Motiven passen ideal zum rustikalen Stil: ein leuchtendes Erdbeer-Motiv ①, Eicheln und Eichenlaub ② oder floraler Chintz ③.

①

②

③

Gardinenstangen können aus verschiedenen Materialien gefertigt sein: hochglänzende Messing-stange ①, Kombination aus Holz und Edelstahl ② oder helles Nadelholz mit Transparent-Lack ③.

①   ②   ③

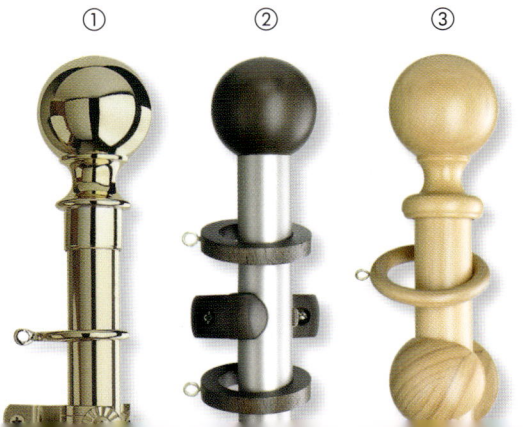

Gardinenarrangements können Raumverhältnisse optimieren: In diesem Wohnzimmer mit hoher Decke und hohen Schiebefenstern betonen die großzügig zur Seite gezogenen Gardinen die Breite des Raums und lassen damit auch das Fenster selbst breiter wirken. Zugleich kommt der Charme des in Kelchfalten gelegten Vorhangs mit seinem üppigen Blumenmuster gut zur Geltung.

Französische Fenster

Ein kontrastierender Futterstoff ist eine weitere Möglichkeit, zwei Stoffe zu kombinieren: sichtbar an den Kaskadenstufen der Schärpe ① oder an der zurückgeschlagenen Außenkante ②.

Mit einer Kombination aus unterschiedlich gemusterten, aber ähnlich farbenen Stoffen entsteht ganz leicht eine ländlich ungezwungene Atmosphäre. Die erfrischende blau-weiße Farbpalette ist dafür ein klassisches Beispiel. Hier wurden die großen Flügeltüren mit einem Vorhang-Set versehen: Die äußeren Vorhänge zeigen ein florales Muster und mit Karostoff eingefasste Säume; die mittigen Vorhänge sind semitransparent und nur zart bedruckt. Der Tunneldurchzug und die Raffbänder sorgen für die ideale Formgebung. Weitere blau-weiße Stoffe finden sich bei den Stuhlbezügen und den Tischläufern.

①

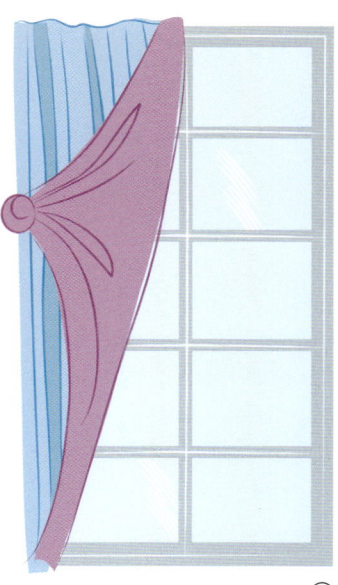

②

Schmiedeeiser-
ne Gardinenstangen
sind mit unterschied-
lichen Zier-Enden er-
hältlich: Knoten ①, Ha-
ken ②, Fleur-de-Lys ③,
Kugel ④ oder Zirbel ⑤.

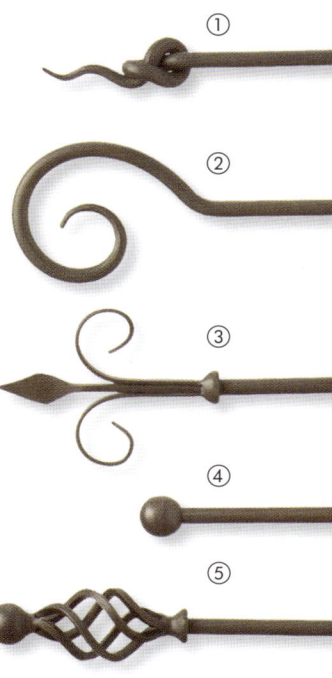

Flügeltüren, die nach innen öffnen, benötigen
einfachere Gardinenvarianten, da z. B. Querbe-
hänge den Durchgang behindern könnten. Dieses
Beispiel zeigt eine schmale, schmiedeeiserne
Gardinenstange mit Zier-Enden in Hakenform.
Weit über dem Türbogen angebracht, erzeugt sie
den Eindruck von Höhe. Die schmalen, gefalteten
Vorhänge mit einem Streifendessin in warmen Rot-
Orange-Tönen rahmen den Blick in den weitläu-
figen Landschaftsgarten.

Streifen passen immer gut zum rustikalen Stil: Zickzack-Streifen ①,
grobes Gewebe in Natur-Tönen ② oder mehrfarbige Streifen auf Baumwoll-
Körper ③.

Bogenfenster

Die Fensterdekoration sollte den besonderen Charme von Bogenfenstern hervorheben – hier ist weniger mehr! Diese großzügige Blockhütte besitzt gleich mehrere Bogenfensterelemente, die einen atemberaubenden Blick in die Berglandschaft freigeben. Die farbig leicht von den Holzflächen abgesetzten Fensterrahmen betonen die auffällige Struktur des Fensters, die individuell gefertigten und leicht bedienbaren Elektro-Rollos ordnen sich visuell unter.

Besonders bei großen Fensterflächen sollte die Farbwahl gut durchdacht sein: Blau reflektiert den Himmel ①, Rostrot harmoniert mit der Inneneinrichtung ② und Grau korrespondiert mit den Naturtönen des imposanten Steinkamins ③.

①

②

③

Aufwändig gestaltete Gardinenstangen sind extravagante Hingucker: rotes Kirschholz mit Kugel-Emblem ①, Mahagoni-Stange mit vergoldetem Eichel-Motiv ② oder gedrechselte Stange mit Urne, zweifarbig gestaltet ③.

①

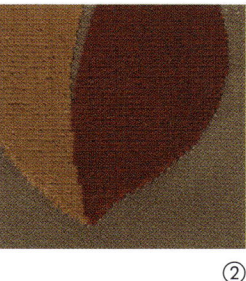

②

③

Bogenfenster können sich aufgrund ihrer besonderen Form immer eines starken Auftritts sicher sein. In diesem gediegenen und behaglichen Musikzimmer wirkt das Fenster fast ungeschmückt, da die bodenlangen bedruckten Vorhänge dem Tapetenmuster entsprechen und so kaum auffallen. Die Gardinenstange ist direkt unter den Deckensparren angebracht, sodass der formschöne Bogen bei geöffneten Vorhängen gut zur Geltung kommt.

Der in diesem Raum verwendete Toile-de-Jouy-Stoff ist ein Klassiker. Alternativ kommt auch ein Wollstoff mit Paisley-Muster ①, ein Seidensamt ② oder ein traditioneller Floraldruck auf Leinen ③ gut zur Geltung.

Panoramafenster

Sehr große Fenster prägen einen Raum manchmal stärker als gewünscht. In diesem rustikal eingerichteten Esszimmer wird die Dominanz des riesigen Panoramafensters durch die Plissee-Rollos minimiert. Die schlichten, unaufdringlichen Rollos filtern subtil das Licht und schaffen Privatsphäre.

Aufwändige sowie einfache Fenster-Dekorationen: asymetrischer Querbehang ①, Bogenbehang mit Kaskadenschärpen ② oder Seitenvorhänge ③.

Große, nebeneinander liegende Fenster sorgen manchmal für einen Überfluss an Licht und damit auch an Wärme. Um diese Faktoren zu regulieren wäre es in diesem Fall allerdings unverzeihlich, den umwerfenden Panorama-Blick durch Vorhänge zu beeinträchtigen. Eine sinnvolle Lösung stellen hier über die gesamte Fläche angebrachte Vertikal-Lamellen dar. Sie lassen auch im geschlossenen Zustand die Landschaft schemenhaft erkennen.

① ② ③

Vertikal-Lamellen bieten den großen Vorteil, dass sie einen präzisen Licht- und Sichtschutz bieten und gleichzeitig wenig Staufläche benötigen. Mögliche Materialien: Aluminium ①, Holz ② oder lichtdurchlässiges Vinyl ③.

Erkerfenster

Erkerfenster erfüllen einen Raum mit Licht und erzeugen ein Gefühl der Geräumigkeit. Dieser Erker im klassischen, englischen Landhaus-Stil ist mit drei Vorhangpaaren und jeweils einem Querbehang aus floralem Chintz dekoriert. Die gekräuselte Oberkante ist mit einer Kordel verziert und die leicht geschwungene Unterkante, die an den äußeren Seiten länger ist als über der Fenstermitte, besitzt einen Fransensaum. Dicht nebeneinander angebracht scheinen sie optisch miteinander zu verschmelzen.

Für den englischen Landhaus-Stil bieten sich besonders florale Chintze an: Tulpen-Motiv auf feiner Baumwolle ①, Mehrfarben-Druck auf Damast ② oder ein traditioneller floraler Chintz ③.

Durch Variieren der Raffhöhe lassen sich unterschiedliche Wirkungen erzielen: Raffkordel in der Vorhangmitte ① oder Stoffschärpe auf Fensterbrett-Höhe ②. Je nachdem, auf welcher Höhe der Stoff gerafft wird, verdeckt die Gardine mehr oder weniger Fensterfläche.

Erker-Sitznischen wirken im rustikalen Stil besonders gemütlich und einladend. In diesem ländlich eingerichteten Wohnzimmer ist vor der Erkeröffnung ein kleingemusteter Vorhang mit gerüschtem Tunnelsaum an einer Holzgardinenstange angebracht. Aus Jute gefertigte Raffkordeln mit großen Quasten halten den Vorhang geöffnet und schränken tagsüber den Lichteinfall nicht ein. Wird ein zusätzlicher Sonnen- oder Sichtschutz gewünscht, kann man direkt an den Fenstern zusätzlich Rollos oder Scheibengardinen anbringen.

Quasten aus Jute und Holz vermitteln ein rustikales Flair.

Türöffnungen

Türvorhänge sind auch im rustikalen Stil ein wichtiges Ausstattungselement. Ursprünglich hatten sie die Aufgabe, speziell bei alten Türen, vor Zugluft zu schützen. Heutzutage dienen sie primär der Türrahmung oder auch als Sichtschutz für Glastüren. Im Zusammenspiel mit der Gestaltung weiterer Fensterdekorationen entsteht ein einheitliches Wohnambiente. Für inwärts öffnende Türen, die zudem dicht an einer Zimmerecke liegen, eignen sich schwenkbare Gardinenstangen besonders gut. Sie lassen sich bei Bedarf zurückklappen und geben so den Durchgang frei. Hier wurde ein karierter Vorhang mit einem fein gepunkteten Voile kombiniert.

① ② ③

Ein zusätzlicher Futterstoff kann die Wärmedämmung von Türvorhängen und die Standfestigkeit erhöhen: Baumwoll-Inlett mit Multi-Streifen ①, Karogewebe in Rot, Blau und Weiß ② oder Nadelstreifenoptik ③.

Gardinenschwenkarme verfügen über spezielle Halterungen, die das Gleiten der Stange bei der Türbewegung ermöglichen. Sie sind auch für schwere Vorhänge ausreichend stabil.

Für Vorhänge, die sich auf der anderen Seite der Türöffnung oder an einem Durchgang ohne Tür befinden, sind einfache Gardinenstangen oberhalb des Rahmens zu montieren. Sie können so beliebig auf- und zugezogen werden. Diese bedruckte Seide ist mit einem schweren Futterstoff versehen und verhindert so, dass kalte Zugluft vom Flur in das behagliche Wohnzimmer strömen kann. Die Gardinenstange mit ihrem Antik-Weißlack und den Glaskugel-Schmuckenden betont den vornehmen Charakter des hochwertigen Gewebes.

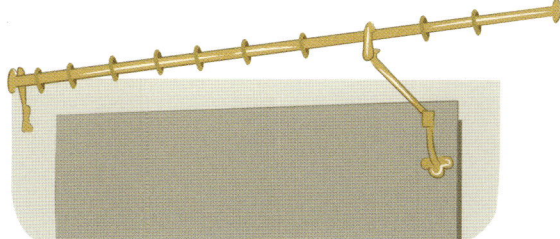

Schwenkbare Gardinenstangen sind mit speziellen Trägern lieferbar, die sich beim Öffnen der Tür anheben. Durch diesen Effekt wird verhindert, dass beispielsweise überbodenlange Vorhänge in der Tür eingeklemmt werden.

Problematische Fenster

Für sehr kleine Fenster ist es manchmal nicht leicht, eine geeignete Dekoration zu finden. In diesem hübschen Badezimmer ist das kleine, einfache Fenster leicht zurückgesetzt und der Fenstersims dient als zusätzliche Ablagefläche. Ein unkomplizierter, lichtdurchlässiger Baumwollstoff mit filigranen Druckmotiven hängt direkt vor dem Fenster. Dies gewährleistet den nötigen Sichtschutz; zudem wirkt die durch die Gardine entstehende subtile Lichtfilterung harmonisierend auf die Raumatmosphäre.

① ② ③

Aufeinander abgestimmte Druckstoffe mit einer reduzierten Farbpalette sind für kleine Fenster mit rustikalem Touch eine gute Wahl: schwarz-weißer Toile-de-Jouy-Druck ①, blauer Blüten-Druck ② oder weiße Punkte ③.

Bei Dachgaubenfenstern, die wenig Platz für Vor-
hanginstallationen lassen, sind die Gestaltungsmög-
lichkeiten limitiert. Hier bieten schwenkbare Gardinenstangen praktische Lösungen: die Schwenkarme
besitzen ein Scharnier, wodurch sie tagsüber an die
Wand angelehnt und nachts traditionell verschlossen
werden können. Dieses Dachgeschoss-Schlafzim-
mer wirkt durch die abgestimmte textile Wand- und
Fensterverkleidung mit Karogewebe besonders char-
mant und erfrischend.

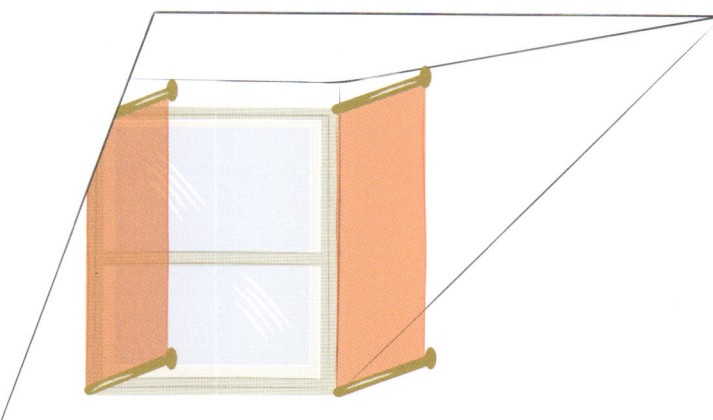

Ein ungefütterter, leichter Vorhang kann durch oben und unten
angebrachte Schwenkarme in einen lichtdurchlässigen Fenster-
laden verwandelt werden.

Retro

Retro bedeutet rückwärtsorientiert. Der zeitgenössische Ausdruck umfasst eine Fülle von stilistischen Rückgriffen auf vergangene Trends und Moden. Besonders populär für Retro-Trends sind die 1930er bis 1970er Jahre.

Im Retro-Stil fusioniert moderne Inneneinrichtung mit historischen Versatzstücken. Diese nostalgischen Gegenstände können sowohl Alltags-Objekte wie Keramik oder Glas sein, die man auf einem Flohmarkt entdeckt hat, als auch Designer-Objekte wie beispielsweise Möbelklassiker von Charles Eames oder Mies van der Rohe. Darüber hinaus präsentiert sich der Retro-Stil noch in einer anderen Facette: Zeitgenössische Objekte mit modernster Technik reproduzieren vergangene Stile und altes Design und lassen es damit ganz neu aufleben. Dazu zählen Möbel, Stoffe und Accessoires, aber auch Gebrauchsgegenstände wie Radios, Kühlschränke oder Lampen. Bei einer Fenstergestaltung im Retro-Stil ist wie immer zuerst die grundlegende Frage nach dem Vorhangmaterial zu

klären. Hierbei fällt die Wahl besonders schwer, da unendlich viele Vintage- und Revival-Stoffe zur Verfügung stehen – z.B. farbenfrohe Hawaii-Muster aus den 1950ern, extravagante Plüsch-Stoffe aus den 1930ern oder moderne Retro-Interpretationen der finnischen Design-Company Marimekko. Auch für schlichtere Fensterdekorationen im Retro-Stil bietet sich eine Fülle an Möglichkeiten. Moderne Accessoires mit nostalgischem Touch wie glänzende Gardinenstangen aus Edelstahl mit Schmuckenden im 1960er-Stil oder glamouröse Raffkordeln im Hollywood-Stil der 1930er- Jahre sind ideal. Manchmal genügt auch schon eine Farbpalette, die zum Beispiel von den Pastelltönen der 1950er- Jahre inspiriert ist oder die die Violett-Töne der 1970er beinhaltet, um ein Retro-Gefühl einzufangen.

Holz-Jalousien und Interieur zitieren das Film-noir-Genre der 1940er- Jahre.

Panoramafenster

Das geschickte Anbringen der Gardinenstange kann die Proportionen eines Fensters ausbalancieren. In diesem Fall belebt die glänzende Edelstahlstange den Bereich zwischen der Fensteroberkante und der Zimmerdecke. Mit großen Ösen ist daran ein in Wellen gelegter Vorhang befestigt, der mit einem großrapportigen und farbintensiven 1950er-Dessin beeindruckt.

① ② ③

Viele moderne Druckstoffe orientieren sich an Retro-Dessins: stilisierte Blattmotive in Braun und Beige auf hellblauem Leinen ① und abstrakter Druck ②, beide im Stil der 1950er oder ein leuchtender 1960er-Floral-Druck ③.

Schmuckenden
in Stil der 1950er: bronzefarbenes Glas ①, Marmor ② oder milchiges Glas ③.

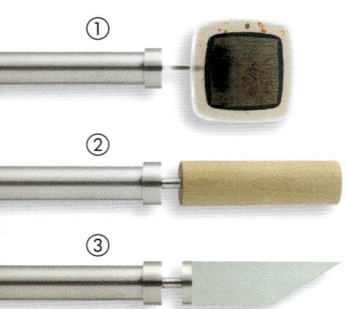

① ② ③

Breite und hohe Fenster bieten zwar eine grandiose Aussicht, sie begünstigen jedoch auch eine extreme Wärmeentwicklung und für Textilien schädliche UV-Strahlung im Rauminneren. Als Licht- und Wärmeschutz eignen sich hier Faltrollos aus lockerem Gewebe mit integrierten Holzstäbchen, die zudem den Retro-Chic des Wohnzimmers unterstreichen.

Eine Holzlamellenjalousie lässt sich mit abstrakten Stoffmustern im 1950er-Stil kombinieren: gerüschter Querbehang ① oder mit Stoff bezogene Schabracke ②. Gleichzeitig wird der Zugmechanismus dahinter verdeckt.

①　　　　　　　　　　②

Eckfenster

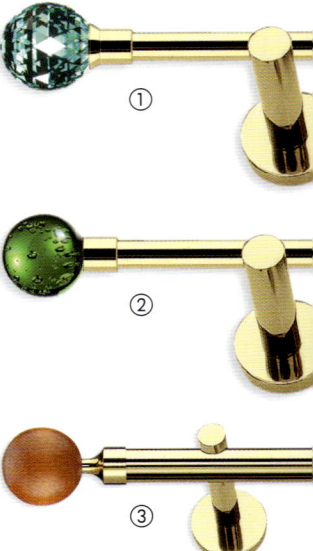

Ein authentisches Sixties-Design mit polierten Messingstangen und Schmuckenden aus Glas: türkisfarbene Kristallkugel ①, grüne Kugel mit Lufteinschlüssen ② oder mattierte Bernsteinoptik ③.

Für ein einheitliches Wohn-Design im Retro-Stil sollten sich die Fensterdekoration und die Inneneinrichtung an derselben Dekade orientieren. Für dieses Interieur wurde das minimalistische Dekor der 1960er zum Vorbild genommen: So strahlt der einfarbige Vorhang aus Baumwolle in einem Orange-Ton, der in den 60er-Jahren sehr populär war. Die beiden Eckfenster schmückt je eine schmale Gardinenstange und ein Vorhang mit Flämischen Falten.

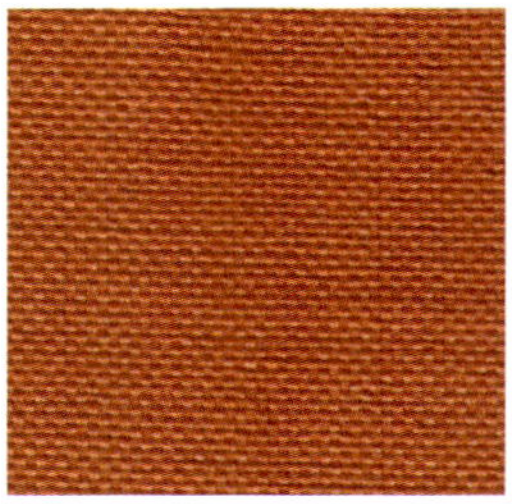

Einfarbige Baumwollstoffe in einfacher Leinwandbindung in den Farben der Sixties: Azurblau ①, leuchtendes Gelb ② und Orange ③.

Grafische Muster im Stil des Art Déco verleihen Holzlamellen-Jalousien ein 1920er-Flair: Bordüre mit Fächermotiv ① oder geometrisches Muster ②.

Holzlamellen-Jalousien eignen sich besonders gut für zwei eng beisammen liegende Eckfenster. In diesem von den Dreißigerjahren inspirierten Zimmer erzeugen die dunklen Holzlamellen ein diffuses Schattenspiel und vereinen die gedämpften Farben, hochwertigen Oberflächenstrukturen und stilsichere Eleganz zu einem mondänen Gesamteindruck.

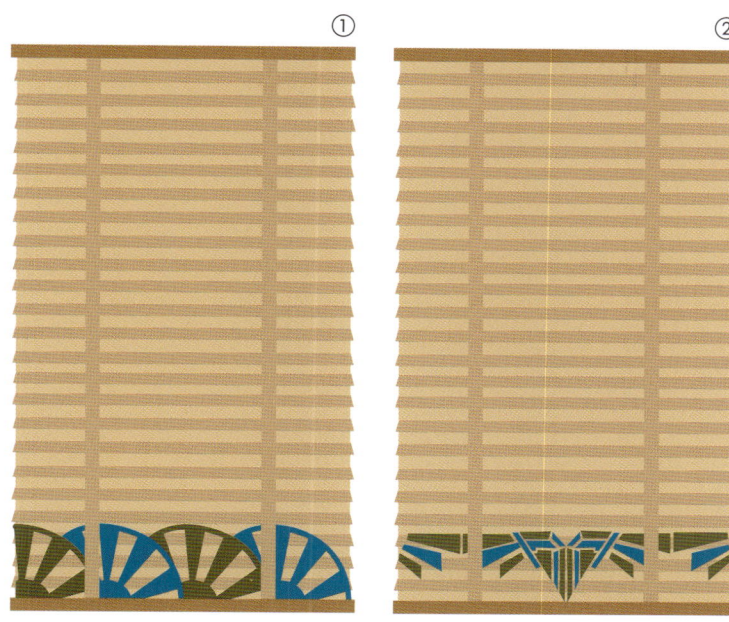

①   ②

Flügelfenster

Im Retro-Stil lassen sich Einrichtungsobjekte aus vergangenen Dekaden leicht mit einem modernen Interieur verbinden. Dieses Beispiel zeigt einen Vorhang, dessen Kreisintervall-Motiv subtil an die Batikstoffe der 1960er- und 1970er-Jahre erinnert. Die reduzierte Farbpalette von Hellblau- und Beige-Weiß-Tönen betont die moderne Note, sie steht jedoch im Gegensatz zu den lebhaften und kräftigen Farben der Flower-Power-Bewegung.

①   ②

③   ④

Raffinierte Gewebe verhelfen zu einer Fenstergestaltung im Stil der Sixties: changierendes Doppelgewebe ①, Tropfbatik à la Jackson Pollock ②, abstrakte Woll-Stickerei ③ oder kleinmustriges Dessin im indischen Stil ④.

①

②

③

Die Textilien der Fünfziger wurden durch die Strömungen der abstrakten Kunst beeinflusst: abstraktes Gewebe in erdigen Farbtönen ①, Zweifarben-Samt mit Prismen-Motiv ② oder Bildwirkerei mit abstraktgrafischem Muster ③.

Vorhänge, die bis zum Fensterbrett reichten, waren in der Mitte des 20. Jahrhunderts weit verbreitet. In ihnen vereint sich eine praktische Modernität mit der Sparsamkeit der Kriegs- und Nachkriegsjahre. Das bizarr-abstrakte Druckmuster dieses Vorhangs ist eine gekonnte Vintage-Interpretation im Stil der fünfziger Jahre. Ein gewebtes Holzstäbchenrollo gewährleistet Sicht- und Lichtschutz und korrespondiert mit der Retro-Design-Einrichtung aus Holz.

Sprossenfenster

Für Fenster mit dekorativen Rahmen bieten sich sinnvollerweise Rollosysteme an, die unmittelbar vor der Fensterscheibe positioniert werden. So verdecken sie nicht den ornamentalen Fensterrahmen. Zu diesen Sprossenfenstern passen besonders gut schlichte Springrollos, die mit dem Siebzigerjahre-Flair des Esszimmers harmonieren. Für Küchenfenster, die man häufig öffnet, eignen sich besonders Rollos aus schmutzabweisendem Material.

①

②

Für einen auffälligen Retro-Look wählt man Rollos mit Vintage-Drucken: High-Heels und Handtaschen ① oder grafisches Kaleidoskop-Motiv ②.

Ein harmonisches Raumkonzept lässt sich auch mit floralen Tapeten und Stoffen in einer einheitlich reduzierten Farbpalette verwirklichen. Dieses Schlafzimmer präsentiert sich in einer modernen Interpretation im Stil des frühen 20. Jahrhunderts. Die langen Vorhänge weisen akkurate Flämische Falten auf und hängen an einer rustikalen weißen Holz-Gardinenstange, die direkt unterhalb der Decke befestigt ist.

① ②

① ② ③

Unterschiedliche Blatt-Muster mit einheitlichem Farbschema lassen sich zu einem stimmigen Konzept zusammenfügen: zarte Tupfentechnik ①, Jacquardgewebe ② oder Bildwirkerei ③.

Wenn eine Fensteroberkante bis zur Zimmerdecke reicht, kann das Anbringen einer klassischen Gardinenstange problematisch sein. Alternative Systeme sind unmittelbar an der Decke befestigt: Stange ① oder Schiene ②.

Schiebetüren

Breite Schiebetüren bestehen meist aus zwei Einzelelementen. Um die Rahmen in der Fenstermitte zu kaschieren, wurde in diesem Retro-Wohnzimmer im Stil der 1970er-Jahre ein Gleitschienensystem mit schmalen Flächenvorhängen angebracht. Als Ergänzung dienen eine Gardinenstange und Vorhänge mit Ösenbefestigung. Die Farbigkeit der gewählten Stoffe erinnert an die späten 1960er und frühen 1970er und korrespondiert mit den Vintage-Objekten der Einrichtung wie mit der Lamellen-Deckenleuchte, dem Teppich und den Glasobjekten.

Eine Farbpalette, die eine bestimmte Dekade widerspiegelt, unterstützt die Retro-Wirkung: psychedelisches Pink-Rosa und Orange ①, Pop-Art in Schwarz und Weiß ② oder Siebziger-Stil in Braun und Orange ③.

①

②

③

Flächen- oder Schiebevorhänge sind für große Schiebetüren sehr funktional. Diese Schiebeelemente sind an einer einfachen Gardinenstange aus Edelstahl befestigt. Das grandiose florale Retro-Stoffmuster ist an die Dessins der Sixties angelehnt. Ein besonderer Effekt wurde hier durch zwei komplimentäre Ausführungen erzielt: eine dunkle und eine helle Hintergrundfarbe.

① ② ③ ④

Leuchtende Floral-Drucke erinnern an die Stoffe der Sixties: mehrfarbiger Druck auf weißer Baumwolle ①, Blaudruck auf weißer Baumwolle ② oder stilisierte Blüten in Orange und Beige ③ sowie Rot auf ungeblichenem Leinen ④.

Erkerfenster

Erkerfenster eignen sich besonders für stilvolle Dekorationen. Nutzt man den Erkerbereich als Sitznische, kann man zum Schutz der Privatsphäre zusätzliche Rollosysteme direkt an den Fensterflächen anbringen. Dieser bodenlange elegante Vorhang trennt den Erkerbereich komplett ab und ist mit Ösen an einer Gardinenstange vor der Erkeröffnung befestigt. Der Retro-Stil wird durch das großflächige Muster im Stil der Sechzigerjahre und die monochrome Farbauswahl verstärkt.

Für Sitznischen in Erkern bieten sich verschiedene Fensterdekorationen an: bodenlange Seitenvorhänge und Rollos vor den Fenstern ① oder fensterlange Vorhänge unmittelbar vor den Fenstern ②.

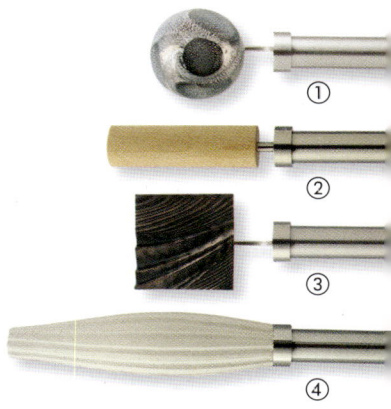

Ornamentale

Schmuckenden er-
gänzen den Retro-Stil:
handgearbeitete Glas-
perle ①, Marmor-Zylin-
der ②, Kupfer-Carré mit
Relief-Struktur ③ oder
weißer Marmor in Zap-
fenform ④.

Diese drei imposanten Bogenfenster schaffen
einen großen lichtdurchfluteten Erkerbereich,
der von ornamentalen Pilastern gesäumt wird.
Die Kombination aus lichtdurchlässigen und
schweren Vorhangstoffen schafft hier ein geho-
benes Raumambiente. Der extravagante Retro-
Druck greift den Stil der 1970er-Jahre auf und
bildet mit der Architektur einen spannungsreichen
Kontrast.

Kräftige Druckstoffe mit Medaillon-Motiven zitieren die Dessins der Sechziger
und Siebziger: abstrakte Spiralform ①, Kreisvariationen auf einem Synthetikge-
webe ② oder gewirktes Blütenmotiv ③.

Ethno

Schon vor den Weltumsegelungen der Frühen Neuzeit war der transkontinentale Handel fester Bestandteil der Menschheitsgeschichte. Kostbare Textilien, neue Techniken und kunsthandwerkliche Objekte beeinflussten Kulturen, Stile und Designs. Inzwischen ist es fast selbstverständlich, auf eine große Vielfalt außereuropäischer Möbel und Textilien zugreifen zu können, die zusammen mit exotischen Souvenirs den Ethno-Stil bilden.

Der Ethno-Stil lässt sich recht einfach erzeugen: schon ein puristischer Schiebevorhang kann für japanisches Flair sorgen, das Minimalismus und Simplizität ausdrückt; natürlich wirkende Holzlamellenjalousien erinnern an die Natürlichkeit und Erdverbundenheit Afrikas. Exquisite Textilien sind untrennbar mit dem Esprit des Ursprungslandes verknüpft. So bringen indonesische Batik-Stoffe, die in traditionellen Wachsfärbeverfahren hergestellt sind, einen Hauch Exotik in einen Raum, florale Chintze erinnern an das englische Landleben oder provencalische Drucke stehen synonym für das sonnige Südfrankreich. Farben sind ein wichtiger Bestandteil des Ethno-Stils: leuchtendes Blau erinnert an die griechischen Inseln, während lebhafte Pink- und Orange-Töne den indischen Subkontinent repräsentieren. Accessoires und Verzierungen unterstützen den gewünschten Stil: Ein Schlaufenvorhang mit Perlmutt-Besatz, befestigt an einer Bambusstange, versprüht Südsee-Flair; schmiedeeiserne Gardinenstangen erinnern an Spanien und Raffkordeln mit Naturmaterialien wecken Sehnsucht nach der Weite afrikanischer Steppen. Ganz gleich, welches Land den Ausgangspunkt für die Gestaltung bildet: Regionaltypische Stoffe und passende Accessoires bringen einen Hauch Urlaubsstimmung oder Exotik in die eigenen vier Wände.

Weiße, lichtdurchlässige Voile-Vorhänge sind in diesem Schlafzimmer im Kolonial-Stil mit Schleifenbändern dicht gerafft an eine Holz-Gardinenstange geknotet und schaffen eine exotische Stimmung.

Schiebefenster

Verzierte Gardinenstangen aus Messing wirken mit einer Antik-Patina besonders kostbar: gewendelter Schaft mit Schmuckende in Urnenform ①, kannelierter Schaft mit Eichel ② oder glatter Schaft mit Kreisornament ③.

Dunkle Farben und reichhaltige Texturen erzeugen eine opulente und kosmopolitische Atmosphäre. Für diese beiden Schiebefenster wurde eine üppige Fensterdekoration gewählt. Schwere Seidenvorhänge sind mit einem breiten, gerafften Tunnelsaum an einer massiven Holzstange befestigt. Raffkordeln, pompöse Quasten und Raffrosetten sorgen für einen Hauch Luxus.

① ② ③

Lebendige Oberflächenstrukturen eignen sich gut für einen opulenten Stil: kleinteiliges Karo-Muster mit gestickten gelben Punkten ①, Streifengewebe in kräftigen Farben ② oder goldfarbener Satin mit gesticktem Bienen-Motiv ③.

Neben Lamellenjalousien sind auch Faltrollos aus schmalen Holzstreifen ① und Schnürrollos aus Bambus ② ideal für den Ethno-Stil.

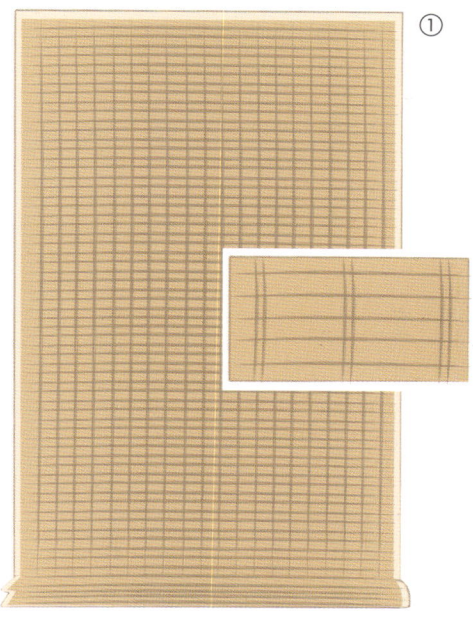

①

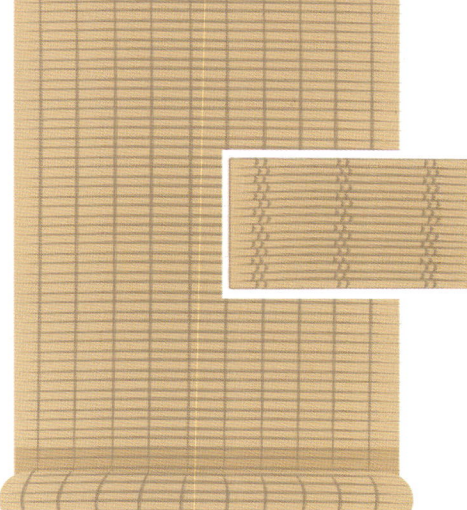

②

Lamellenjalousien aus Holz wirken natürlich und sind in verschiedenen Oberflächenbehandlungen und Farben erhältlich. Besonders harmonisch wirken sie, wenn die Farbe auf den Fensterrahmen abgestimmt ist und so ein einheitliches Ensemble entsteht. Zusammen mit ethnographischen Objekten und Naturmaterialien entsteht ein nordafrikanisches Ambiente.

Flügelfenster

Ethno-Looks lassen sich auch mit wenig Aufwand verwirklichen. In diesem Schlafzimmer mit mediterraner Note erinnert das blau-weiße Farbkonzept an Griechenland. Das weiß getünchte Mauerwerk, der robuste Sisal-Teppich und die hellblaue Holzbalkendecke sorgen zusammen mit den weißen Textilien für ein entspanntes Raumgefühl. Die blickdichten aber lichtdurchlässigen Gardinen sind an der Oberkante gerafft und besitzen einen schmalen Überwurf. Die Gardinenstangen sind ebenfalls weiß lackiert.

Geschnitzte, gedrechselte und handbemalte Gardinenstangen und Schmuckenden aus Holz muten orientalisch an: kannelierter Schaft mit Fiale in den Farben Weiß und Himmelblau ①, kannelierter Schaft mit Eichel in Nachtblau und Gold ②, glatter Schaft und orientalisches Schmuckende in Elfenbein und Violett ③ oder kannelierter Schaft mit geriffelter Kugel in Hellblau und Beige ④.

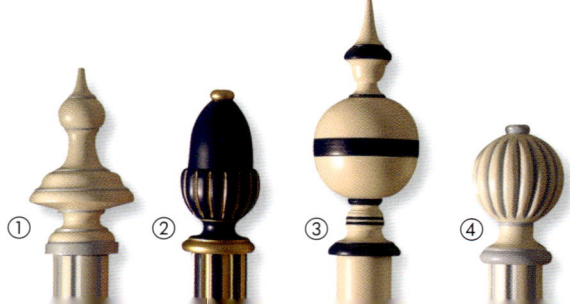

①   ②   ③   ④

Das große Fenster mit dekorativer Bleiverglasung erinnert an nordamerikanische Stadtappartements. Ein transparenter Vorhang ist mit einem dichten Netz aus Punkten überzogen und die blickdichten Seitenvorhänge zeigen einen filigranen Flockdruck in Schwarz. Alle drei Einzelelemente wurden mit Ösen an nur einer Gardinenstange befestigt.

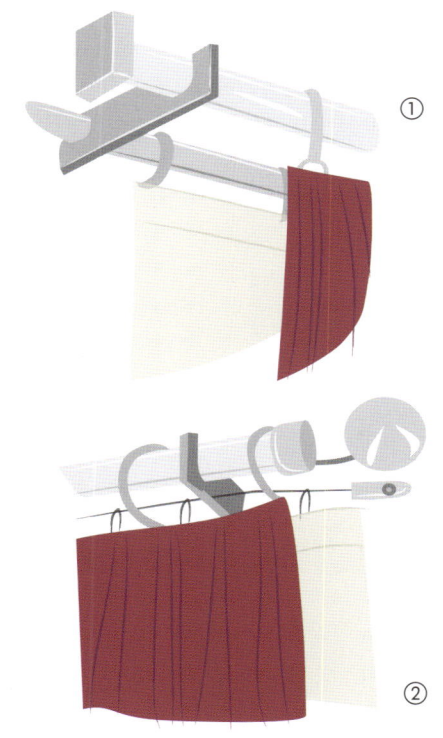

Um zwei Vorhänge hintereinander anzubringen, eignet sich ein Doppelschienen-System ① oder eine Kombination aus Stange und Seilzugsystem ②.

Hochwertige Textilien mit lebhaften Oberflächen verleihen einen glamourösen Look: ein Doppelgewebe aus Seide und Baumwolle mit Blatt-Motiv ①, Jacquard-Gewebe in Türkis und Schwarz mit Farn-Motiv ② oder Streifen in Violett und Schwarz ③.

①

②

③

Erkerfenster

Da Erker meist mehrere Fenster besitzen, kommt der Fensterdekoration eine besondere Rolle zu: Sie trägt entscheidend dazu bei, wie harmonisch das gesamte Raumgefüge erscheint. In diesem tiefen Erker ist jedes Fenster mit einem einzelnen Schnürrollo versehen. Das Stoffmuster, das auch für die Kissenbezüge verwendet wurde, erinnert an Textilien aus dem Südpazifik. Die vertikalen Streifen kommen durch die flächige Montage gut zur Geltung. Ein Falt- oder Raffrollo würde die ruhige Struktur auflösen. Mit den bodenlangen Vorhängen in gedecktem Purpur lässt sich der Erkerbereich komplett abgrenzen. Sie entsprechen dem Möbelbezug des rechten Hockers.

Ein Faltrollo erzeugt horizontale Falten und verstärkt die Wirkung vertikaler Streifen: vertikale Ranken ① oder Blockstreifen ②.

① ② ③ ④

Leuchtende kräftige Farben und gold-schim-
mernde Oberflächen erinnern an den Orient und
den fernen Osten: roter Seiden-Dupion ①, Baum-
woll-Voile in Orange ②, geometrisches Webmuster
in Gold und Rot ③ oder Gaze in Purpur ④.

Inspiriert von einer arabischen Kasbah und noma-
dischen Wüstenlandschaften, ist dieser Raum durch
das subtil gefilterte Licht in eine exotische Atmosphäre gehüllt. Ein besonderer Effekt entsteht durch
mehrere Lagen transparenter Stoffe in unterschiedlichen Farben. Vor dem Fenster wurde zusätzlich
ein Faltrollo angebracht. Mit einer geschwungenen
Bogenkante oder Fransenbordüren lässt sich die
Wirkung des Ethno-Stils noch verstärken.

Panoramafenster

Auch für sehr große Fenster lässt sich eine Fensterdekoration im Ethno-Stil finden. In diesem futuristischen Raum mit atemberaubendem Ausblick ist ein Vorhang mit abstrakter Musterung an einem Seilzugsystem befestigt, der sich über die gesamte Fensterfront zuziehen lässt. Seilsysteme sind besonders dezent, eignen sich allerdings vorzugsweise für leichte Stoffe.

Schleuderstäbe sind an den Außenkanten des Vorhangs angebracht und erleichtern das Zuziehen. Sie sind in attraktiven Ausführungen erhältlich.

① ②

Unscharfe Konturen verleihen Drucken einen handgemalten Charakter: Blatt-Motiv ①, abstraktes Spindel-Motiv ② oder unregelmäßige Streifen ③.

③

Semi-transparente Rollos bieten den Vorteil, auch in geschlossenem Zustand noch lichtdurchlässig zu sein. Diese raumhohen Holzrahmenfenster sind in der von Japan inspirierten Küche mit maßgeschneiderten Faltrollos ausgestattet, die das Licht dezent filtern. Dient eine Fensterdekoration nicht primär dem Sichtschutz, kann der obere Bereich frei gehalten werden – hier ist zusätzlich von Vorteil, dass dadurch die unterschiedlichen Fensterhöhen kaschiert werden.

Raffinierte Rollos garantieren Privatsphäre und regulieren den Lichteinfall: unten am Fenster angebracht, wird dieses Rollo aus transparentem Material nach oben gezogen ①. Das Springrollo mit oben durchsichtigem Netzteil ist im unteren Teil blickdicht ②.

Französische Fenster

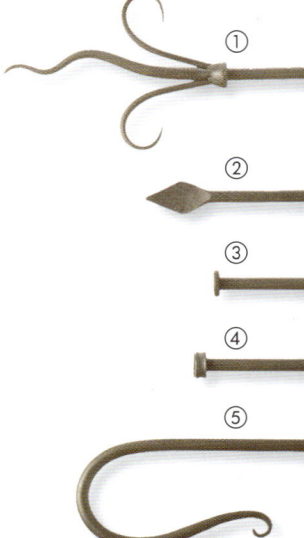

Schmale Metall-Gardinenstangen kann man gut mit schmiede-eisernen Schmuck-enden kombinieren: sti-lisierte Fleur-de-Lys ①, Speerspitze ②, flache Scheibe ③, kurzer Zy-linder ④ oder Haken-form ⑤.

Die Materialauswahl prägt die Fensterdekoration im Ethno-Stil. Saris, Sarongs und Pareos sind hier eine ergiebige Inspirationsquelle. In diesem exotischen Schlafzimmer ist ein Flächenvorhang an einer filigranen Gardinenstange aus Metall an-gebracht. Die Inneneinrichtung mit den rustikalen Holzdielen, den reichhaltigen Textilien und der verzierten Holzkommode vermittelt ein Südosta-sien-Gefühl.

①

②

③

Ethnische Drucke und strukturierte Oberflächen lassen Fernweh entstehen: Erdtöne auf grob gewebter Baumwolle ①, Blockdruck und Streifen ② oder lockeres, durchscheinendes Gewebe ③.

①

②

③

Lamellenjalousien bieten vielfältige Einsatzmöglichkeiten. Die Fenster sind in diesem Raum mit einer Jalousie aus breiten Holzlamellen ausgestattet. An den inwärts öffnenden Türen ist jeweils eine Jalousie angebracht, wobei das obere Lichtband eine separate Ausführung erhielt. Der Holzton wurde entsprechend dem Fußboden und der Inneneinrichtung gewählt. Der Eindruck eines afrikanischen Plantagen-Interieurs wird durch das Zelt-Himmelbett und die lockeren Baumwolldraperien verstärkt.

Ein Ethno-Ambiente wird durch eine optimale Farbauswahl begünstigt: Weiße Textilien und Wände kontrastieren das Ebenholz im Afrika-Stil ①, Azur-Töne und erdige Terrakotta-Farben schaffen mediterranes Flair ② oder Naturtöne erinnern an den Fernen Osten ③.

Problematische Fenster

In einem Badezimmer ist das Vorhangmaterial immer wieder Feuchtigkeit und Wasser ausgesetzt. Dies gilt besonders, wenn sich Badewanne oder Dusche in unmittelbarer Nähe befinden. Hier empfehlen sich Rollos aus robusten Kunstfasern, die wasser-, schmutz- und schimmelresistent sind. Ein wichtiger Aspekt im Bad ist zudem der Sichtschutz. Von unten nach oben zu schließende Rollos sind hier ideal, da sie bei Bedarf so zugezogen werden können, dass man über den oberen Rand noch hinausschauen kann. In diesem japanisch inspirierten Badezimmer dominiert der Minimalismus.

Zugrollos kann man unten oder oben am Fenster befestigen, sodass sie optimalen Sicht- und Lichtschutz gewährleisten. Entweder geben sie den unteren Bereich frei ① oder den oberen bei gleichzeitigem Schutz der Privatsphäre ②.

①

②

Raffhaken und ornamentale Clips können fantasievoll leichte Vorhänge drapieren.

① ② ③

Organza-Stoffe aus Seide haben einen besonderen Charme und in lebhaften Farben betonen sie den Ethno-Look: mehrfarbiger Streifen-Organza ①, Pink mit orangefarbenen Medaillons ② oder subtiles Rosen-Motiv (3).

Auch sehr individuelle Räume lassen sich im Ethno-Stil gestalten, so wie dieses ungewöhnliche Badezimmer, das sich zunächst sehr karg präsentierte. Mit unterschiedlichsten Elementen wurde ein indisch anmutendes Ambiente geschaffen: Den Mittelpunkt bildet eine freistehende Kupferbadewanne; pinkfarbene transparente Saris mit Goldbordüren, ein farblich abgestimmter, verzierter Sonnenschirm sowie eine filigrane Hängeamphore lassen ein exotisches Refugium entstehen.

Für Kinder

Die Dekoration eines Kinderzimmers ist eine besonders willkommene Gelegenheit seiner Fantasie und Kreativität freien Lauf zu lassen. Kräftige Farben sowie farbenfrohe Bildmotive lassen sich zusammen mit raffinierten und pfiffigen Kindermöbeln auf das Alter und die Persönlichkeit des Kindes abstimmen. Aber auch mit schlichteren Deko-Materialien wie Uni-Stoffen, Streifen und Karos in Pastell-Tönen oder den drei Grundfarben sind in Kinderzimmern tolle Effekte zu erzielen.

Zunächst gilt es zu entscheiden, ob eine anregende und aktivierende Raumatmosphäre, die das Kind zum Spielen und Entdecken anregt, oder eine beruhigende und friedvolle Stimmung erzeugt werden soll. Fällt die Entscheidung auf eine schlaffördernde Dekoration, muss sichergestellt sein, dass der Raum komplett abgedunkelt werden kann – auch bei einem Mittagschlaf. Ein Vorhang aus lichtundurchlässigem Material muss entsprechend so vor dem Fenster angebracht sein, dass weder an den Seiten noch an der Oberkante Lichtreflektionen durchscheinen und den Schlaf des Kindes stören könnten. Querbehänge oder Zierblenden sind hier hilfreich. Auch

Sicherheitsaspekte sollten in einem Kinderzimmer besonders beachtet werden: So sollte man herunterhängende Kordeln oder Schnüre genauso vermeiden wie bodenlange Vorhänge. Auch Raffbänder u.ä. sollten außerhalb der Reichweite der Kinder angebracht sein, um Verletzungsgefahren zu minimieren. Zudem gilt es bei der Planung zu bedenken, dass Kinder schnell wachsen und sich entwickeln. Eine optimale Zimmergestaltung ist daher wandlungsfähig und wächst mit den Bedürfnissen des Kindes mit. So kann z. B. ein Teddybär-Druck, der für Kleinkinder niedlich ist, statt als Vorhang besser als austauschbarer Kissenbezug eingesetzt werden.

Hübsche Faltrollos in einem zarten Rosa, erzeugt durch schmale Linien in Rot und Weiß, sind mit einer Zick-Zack-Blende kombiniert.

Flügelfenster

Bei kleinen und engen Raumverhältnissen bieten sich Rollos eher an als Vorhänge. In diesem Schlafzimmer wurde ein Zugrollo gewählt. Das farbenfrohe grafische Muster findet sich im Kissenbezug wieder und ist farblich auf den Bettbezug, den Betthimmel und die Tapete abgestimmt. Wenn der Raum durch das Rollo gleichzeitig abgedunkelt werden soll, muss ein lichtundurchlässiger Stoff auf der Rollorückseite angenäht werden.

Für Mädchenzimmer gibt es eine Vielfalt besonders hübscher Druckstoffe: Streifen in Bonbon-Farben ①, Retro-Druck mit Sixties-Motiv ②, florales Motiv in Rosa ③ oder filigraner Schmetterling ④.

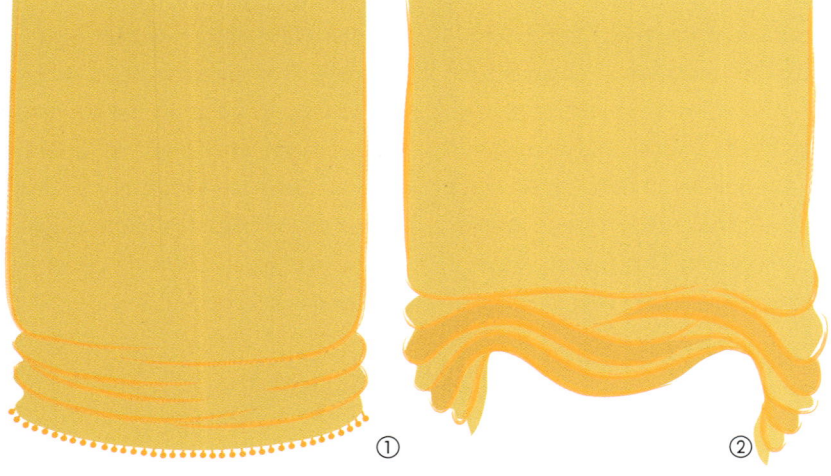

Aufwändigere Rollos wirken zwar weicher, lassen aber auch weniger Licht in den Raum: Raffrollo mit Seitenzug und Fransensaum ① oder mit Kaskaden-Raffung ②.

Wenn ein Fenster innenliegende Fensterläden besitzt, gilt es die Fensterdekoration sorgfältig darauf abzustimmen. In diesem Baby-Zimmer wurde mit Hilfe einer Holzkonstruktion in Halbkreisform, an der die Gardine befestigt ist, Abstand zum Fenster geschaffen. So können auch bei geschlossenen Vorhängen die Fensterläden bewegt werden. Die Bogenform des gefütterten Vorhangs erhält durch die Kelchfalten und die verdeckte Seitenraffung einen zeltartigen Charakter.

Eine einfachere Variante ist eine Gardinenstange in Bogenform. Sie wirkt aus Edelstahl besonders attraktiv.

Panoramafenster

In einem Baby-Zimmer ist die Kontrolle des Lichts von besonderer Bedeutung. Eine raffinierte Lösung bieten verstellbare Lamellenvorhänge – in diesem Fall befindet sich in den Lamellenzwischenräumen zusätzlich ein lichtdurchlässiger Stoff, der das Licht diffus filtert. Je nach gewünschtem Lichteinfall lassen sich die Lamellen drehen. Die bodenlangen Vorhänge aus Karo-Stoff und die rechtwinkligen Holzschabracken dienen der zusätzlichen Abdunklung.

Streifen und Karos passen gut in ein Kinderzimmer: Streifen in Rot und Weiß ①, mehrfarbig eingewebte Streifen ② oder gewebte Karos in Blau und Weiß ③.

Bei etwas älteren Kindern spielt die Abdunklung des Raumes meist nur noch eine untergeordnete Rolle. In diesem harmonischen Schlafzimmer dient ein lichtdurchlässiger Stoff mit Floraldruck als Vorhang. Er ist weder gefüttert noch in Falten gelegt und an einer schmalen Gardinenstange befestigt. Ein zusätzliches Verdunklungs-Rollo kann man problemlos vor dem Fenster anbringen.

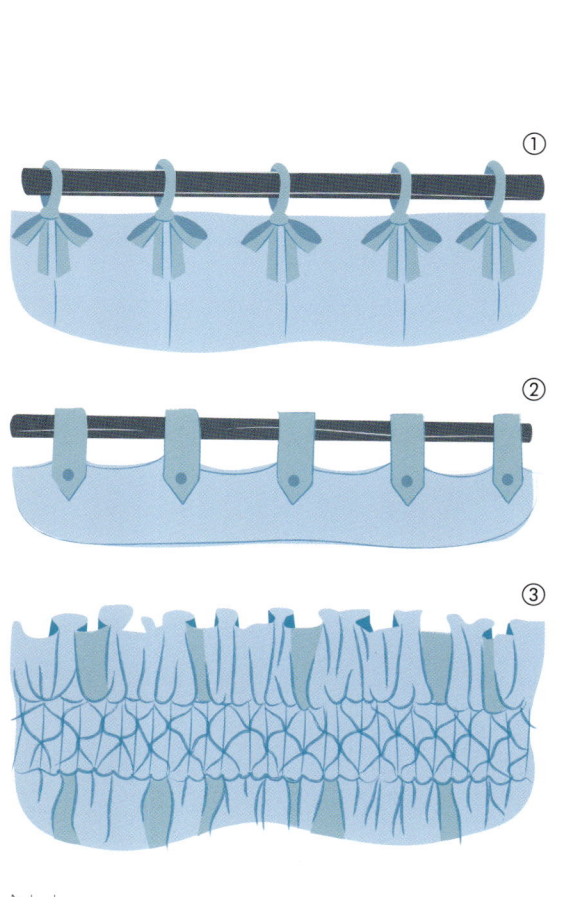

① ② ③

Neben Schlaufenvorhängen (großes Bild), sind auch dekorative Schleifchen ①, angesetzte Schlaufen ② oder ein gesmokter Saum sehr dekorativ.

Französische Fenster

Blau-Weiß ist die klassische Farbkombination für Kinderzimmer – besonders mit roten Farbakzenten: luftiges Karo-Muster ①, Karos in Türkis, Zartgelb und Rot ② oder Blockstreifen in kräftigem Rot, Hellblau und Blau ③.

①

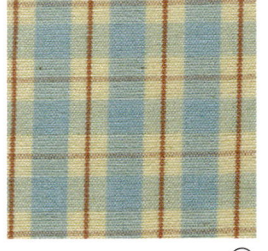

②

③

Farben sind ein wesentlicher Bestandteil der Kinderzimmer-Dekoration. Diese bodenlangen Vorhänge sind aus einem breiten Karo-Muster gefertigt und rahmen die großen Fenstertüren. Die klassische blau-weiße Farbkombination bietet den großen Vorteil, dass sie niemals altmodisch erscheint. Zudem ist sie nicht an eine klare Geschlechtszuschreibung gebunden – sowohl Mädchen, als auch Jungen lieben Blau-Weiß. Als dezenter Hingucker, und in sicherer Höhe angebracht, dient ein schmales Raffband in Rot.

Schnürrollos sind zwar einfach selbst herzustellen, für das tägliche Auf- und Abwickeln erweisen sie sich aber eher als unpraktisch.

Werden ein Fenster oder eine Terrassentür nach außen geöffnet, ergeben sich selten Probleme mit der Fenstergestaltung. Dieses Raffrollo besteht aus einem lichtdurchlässigen Stoff in fröhlichen, leuchtenden Farben. Die spezielle Raffung erzeugt einen kaskadenartigen Faltenwurf und dekoriert verspielt die schmale Sprossentür. In Kombination mit einem blickdichten Rollo lassen sich mehr Privatsphäre und Lichtschutz schaffen.

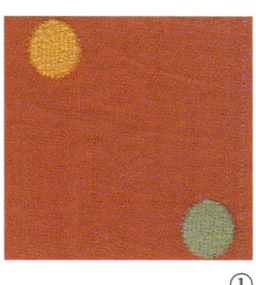

①   ②   ③

Schulkinder mögen leuchtende Farben und klare Muster: gestickte Punkte auf knalligem Rot ①, Wellenformen mit Metall-Effekten ② oder lebhafter Floral-Druck ③.

Eckfenster

Zu geringer Sichtschutz oder starker Lichteinfall mit extremer Wärmeentwicklung können in einem Kinderzimmer stören – besonders prekär ist dies, wenn
viele Fenster vorhanden sind. Für dieses Zimmer wurde eine raffinierte und
sehr variable Lösung gefunden: Zweigeteilte Plissees mit einem lichtdurchlässigen oberen Bereich (weiß) und einem lichtundurchlässigen unteren Bereich
(blau) erlauben viele unterschiedliche Einstellungen.

Das richtige Farb-
konzept ist für ein
Kinderzimmer entschei-
dend: zarte Rosa-Töne
für ein Mädchen ①, der
Klassiker in Weiß und
Blau ② oder eine ent-
spannende Gelb-Grün-
Gestaltung ③.

①

②

③

Raffkordeln in leuchtenden Farben: Apricot ①, Koralle ②, Kornblumenblau ③, helles Zitronengelb ④ und Aquamarin ⑤.

In diesem Kinderzimmer verhalf ein geschicktes Farbkonzept dazu, die beiden Eckfenster optisch voneinander zu trennen und zusätzlich Raum zu schaffen: Die beiden Wände wurden in Rot und Grün gestrichen und heben sich durch den Komplimentärkontrast klar voneinander ab. Um eine Überladung mit einer gemusterten Gardine zu vermeiden, wurde ein einfarbiger tiefblauer Stoff gewählt. Nur mit einer schmalen Raffkordel gehalten, fügt er sich harmonisch in die lebhafte Atmosphäre ein.

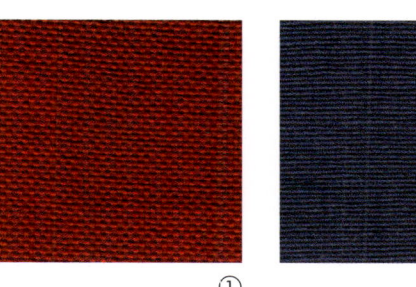

| ① | ② | ③ |

Durch das Verwenden von Uni-Stoffen kommen die Grundfarben gut zur Geltung: Baumwollgewebe in Rot ①, Indigoblau ② oder Tannengrün ③.

Sprossenfenster

Ein Kinderzimmer sollte möglichst hell und freundlich wirken. Um den Lichteinfall in diesem Zimmer nicht zu beeinträchtigen, wurden die zwei Fenster wie ein einzelnes behandelt: der weiße Querbehang ist über die gesamte Breite gezogen. Die weißen Seitenvorhänge und der Querbehang mit schmalen Bleistiftfalten sind an den Außenkanten mit einem feinen Karostoff umsäumt.

① ② ③

Gewebte Karos passen immer in ein Kinderzimmer: kleinkariert in Rot und Weiß ①, Karo in Blau und Weiß ② oder breites Karo in Rosa und Weiß ③.

①

②

Eine besonders pfiffige Idee, mit der Kinder auch zum Aufräumen animiert werden, ist ein Vorhang mit Taschenfunktion. Die Patchworkoptik in erdigen Pastelltönen ist an verschiedenen Stellen des bodenlangen Vorhangs mit Taschen versehen, die Platz für Kuscheltiere und diverses Spielzeug bieten. Tief angebracht sind die Taschen auch für sehr kleine Kinder zugänglich.

Vorhänge mit Multi-Funktion sind nicht nur praktisch, sondern auch witzig: transparenter Organza mit Taschen für Bilder und Trockenblümchen ① oder Filzvorhang mit Buchstaben und Figuren mit Haft-Klett ②.

Problematische Fenster

Dachflächenfenster erfüllen einen Raum mit Licht. Es muss aber auch die Möglichkeit bestehen Licht, Hitze und Schatten variabel zu regulieren. Spezielle Rollos erfüllen diese Funktionen: Verdunklungs- und Sichtschutzrollos, Lamellen-Jalousien sowie Hitzeschutz-Markisen. Am Fensterrahmen angebrachte Gleitschienen garantieren eine stufenlose Bedienung.

Alternative Variationen, um ein Dachflächenfenster zu verdecken bzw. zu dekorieren. Hier bieten sich Schnürsysteme an, die den Stoff dicht am Fenster halten: Stoffrechteck mit Ringen und Schnüren zum Aufklappen ① oder Faltrollo mit einem Kordelzugsystem – angebracht an der Dachschräge ②.

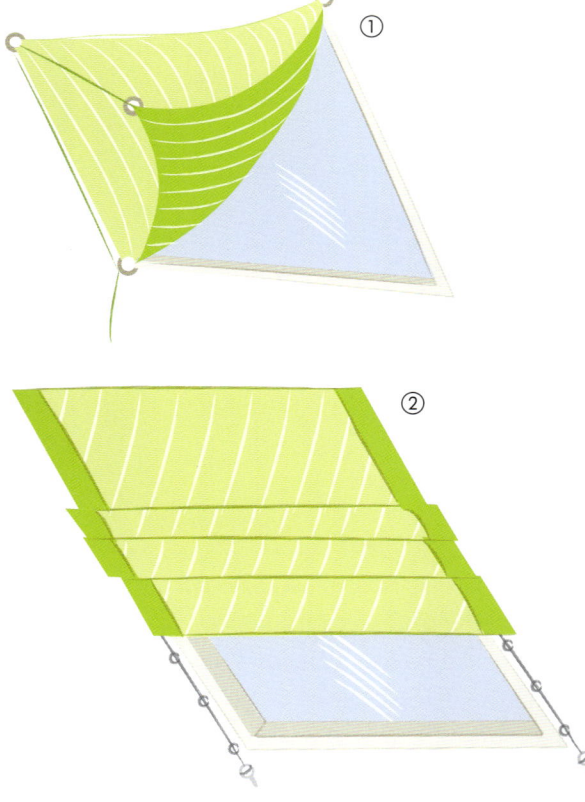

Schräge Dachflächen, die dicht an einem Giebelfenster liegen, erschweren eine Dekoration. Dieses hübsche Bogenfenster liegt so dicht an den Dachflächen, dass seitlich fast kein Platz für den Vorhang bleibt. Die Gardinenstange befindet sich in der äußersten Ecke, wobei der gefütterte Vorhang mit quirligen Weltraum-Motiven von der beengten Situation ablenkt.

Dieses Schmuckende aus Glas ist mit einer LED-Leuchte ausgestattet und passt vorzüglich in Kinderzimmer mit Weltraum-Ambiente.

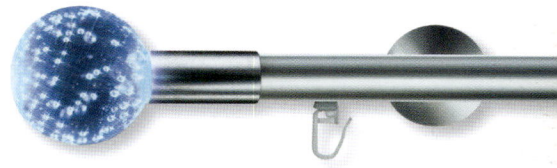

① ②

③

Bildmotive die besonders den Geschmack von Jungen ansprechen: Vintage-Druck mit Cowboy-Motiv im Stil der 1950er ①, Heißluftballon ② oder Retro-Sterne ③.

Oberkanten

Eine Gardinenoberkante hat zwei Funktionen: Zum einen dient sie dazu, den Vorhang am Schienen- oder Stangensystem zu befestigen – entweder durch verdeckte Hakensysteme oder in Form von Schlaufen, Ringen und Ösen. Zum anderen bestimmt die Gestaltung der Oberkante den Stil der gesamten Fensterdekoration. Durch Kräuselungen und Faltentechniken lässt sich die Fülle eines Vorhangs bestimmen, die durch Raffungen und Drapierungen noch verstärkt wird.

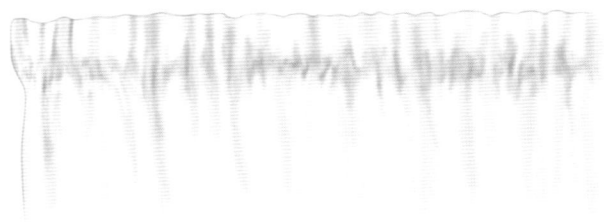

Tunnelsaum

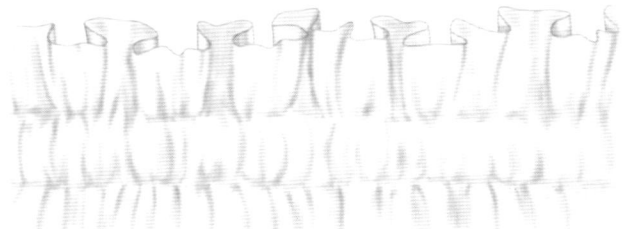

Geraffter Tunnelsaum mit Köpfchen

Gerafft

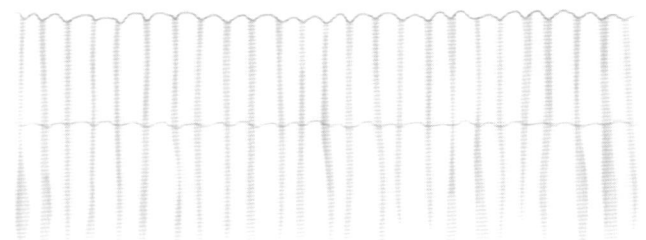

Bleistiftfalte

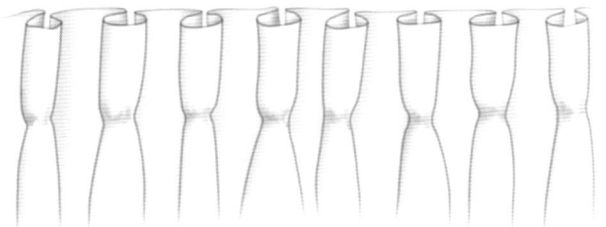

Kelchfalten

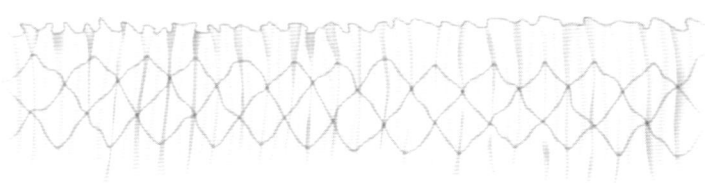

Smok-Verzierung

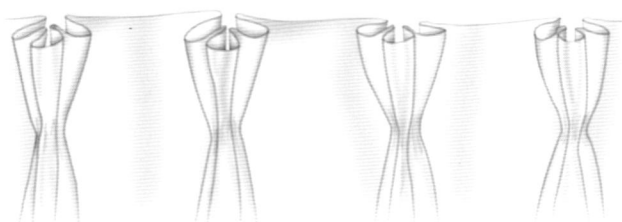

Punktgelegte Dreifach-Falten

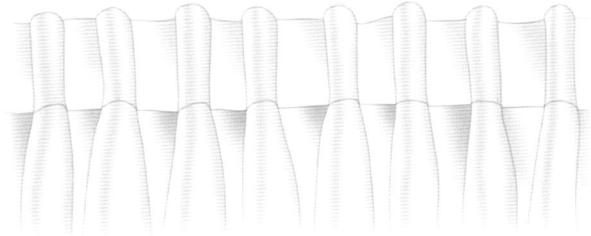

Röhrenfalten

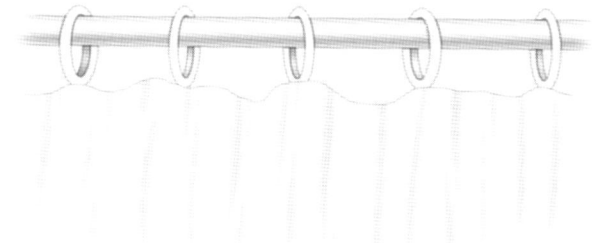

Einfache Ringbefestigungen

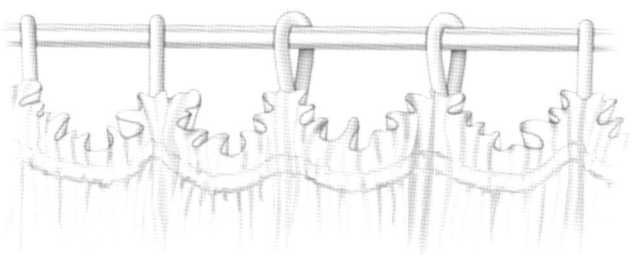

Geraffte Ringbefestigungen

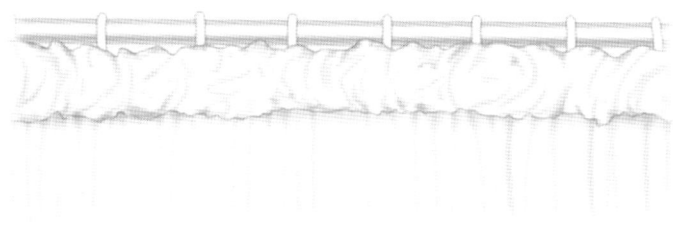

Ringbefestigungen mit gebauschtem
Schmuckband

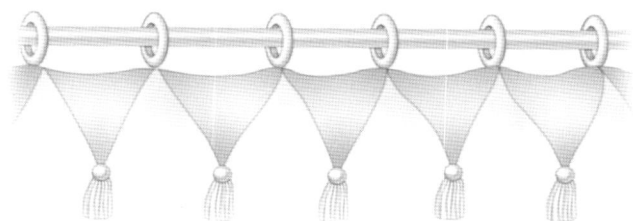

Ringbefestigungen mit überschlagenen
Dreiecks-Wimpeln mit Troddeln

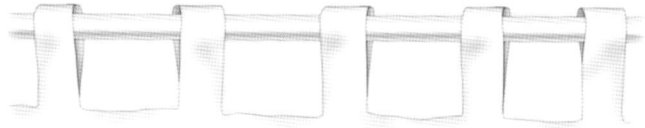

Rechtwinklige Schlaufen

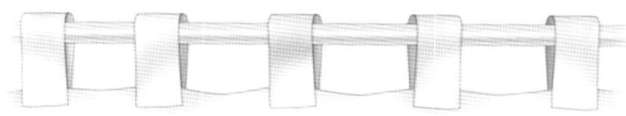

Angesetzte Schlaufen

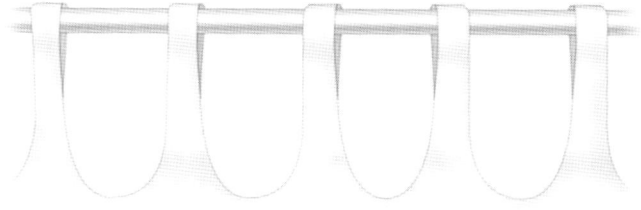

Schlaufen mit bogenförmigem Ausschnitt

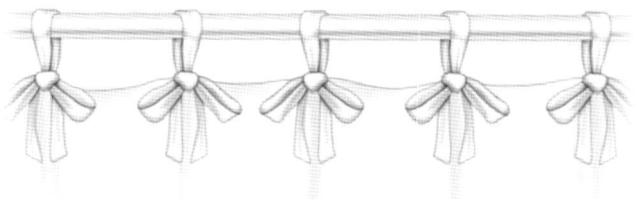

Bindebänder mit Schleifenbesatz

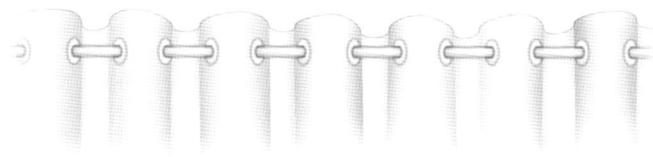

Ösen

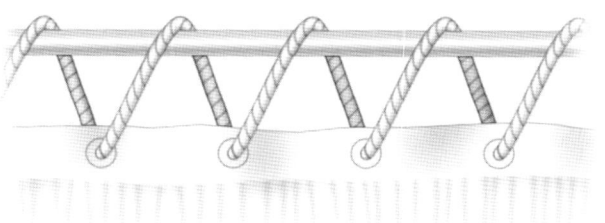

Ösen mit Kordelschlaufen

Querbehang

Querbehänge sind textile, kunstvoll drapierte oder geraffte, teils mit Posamenten verzierte Kreationen, die den oberen Bereich eines Fensters dekorieren. Hinter ihnen kann das Befestigungssystem der Vorhänge oder der Fensterrahmen verborgen werden. Querbehänge können die Raumproportionen beeinflussen oder unterschiedliche Fenstertypen eines Raumes vereinen. Oft sind sie vor allem dekorativ und schaffen Volumen.

Zeltartige Draperie

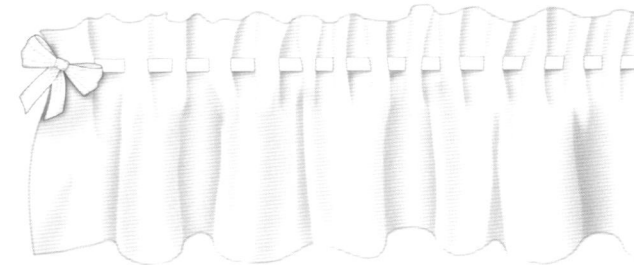

Schmuckbandverzierung

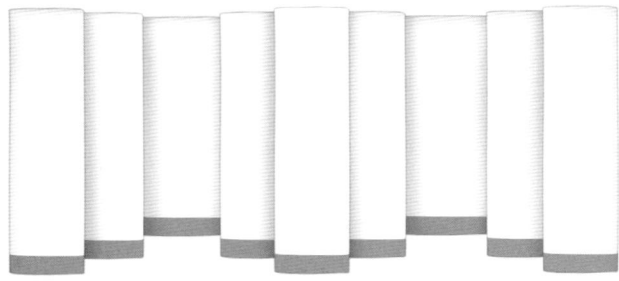

Gestufte Kellerfalten

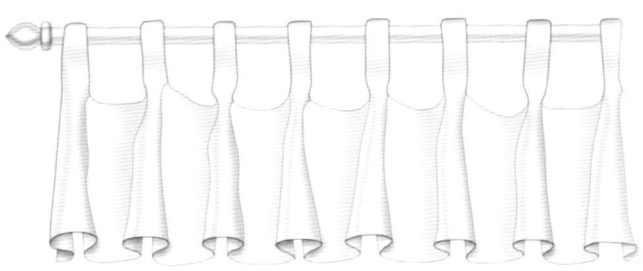

Zylindrische Falten

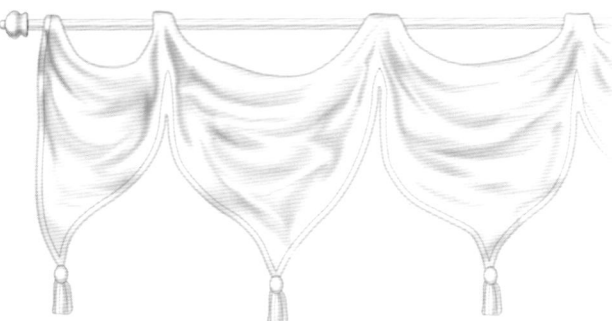

Tropfenformen mit Quasten

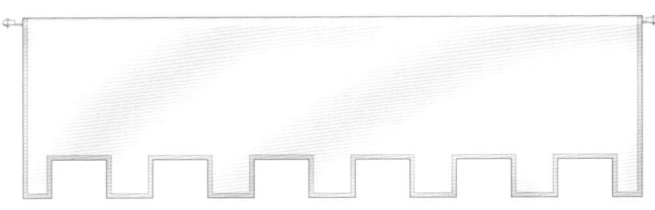

Zinnenartiger Saum

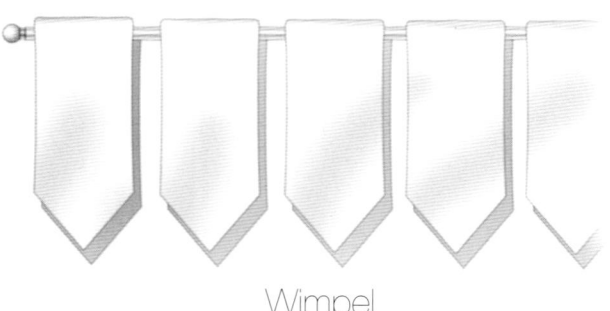

Wimpel

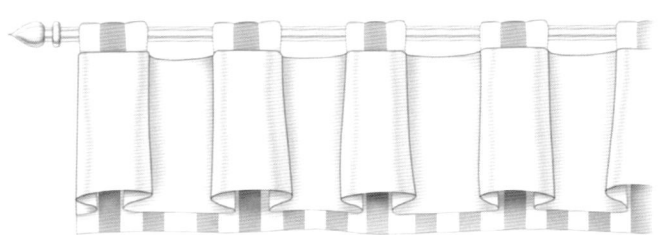

Kellerfalten mit Schlaufen

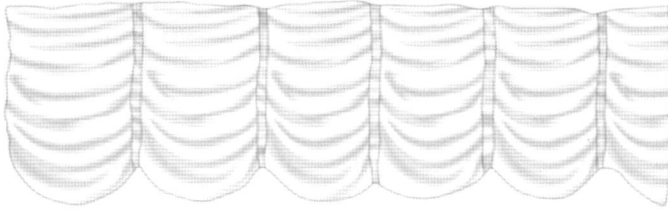

Wolkenstore

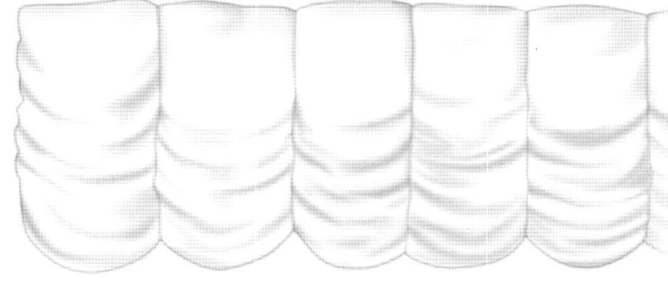

Raffbögen

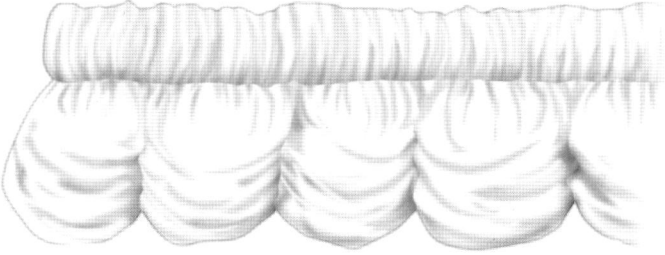

Wolkenartig geraffter Saum

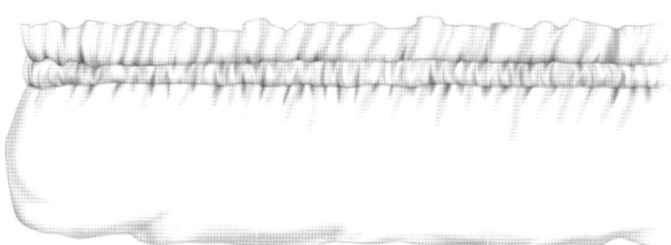

Gebauschter Saum

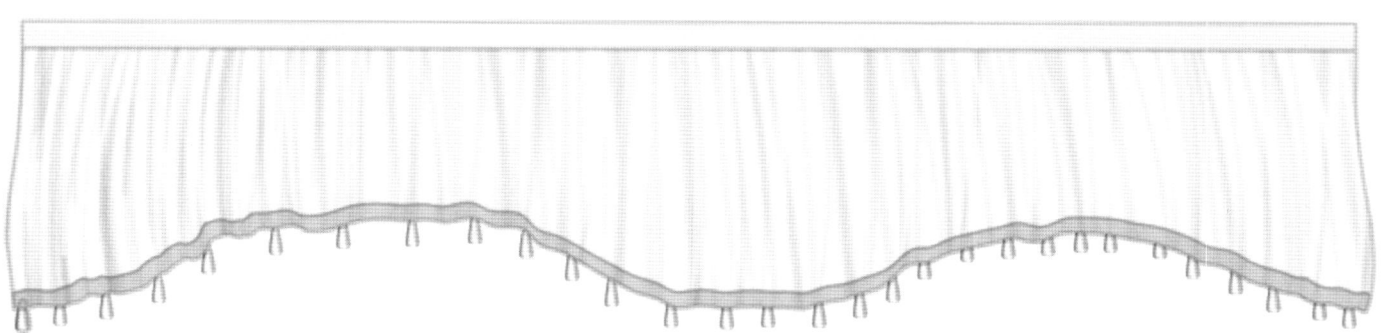

Gekräuselt mit Troddelsaum

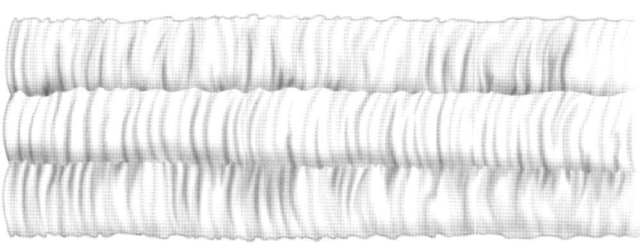

Dreifacher Tunnelzug

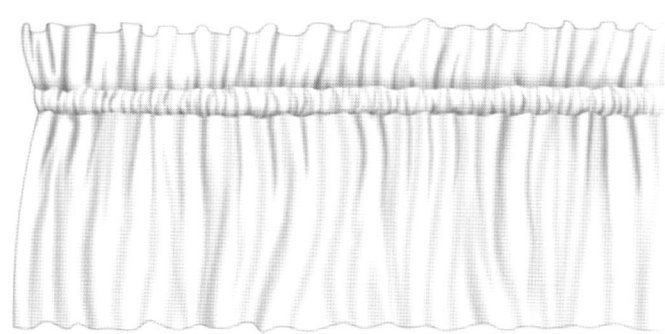

Gekräuselt mit gerafftem Tunnelzug

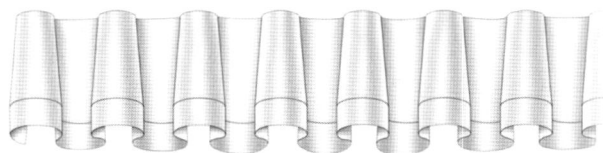

Glockenförmige Falten

Schabracken & Zierleisten

Wie Querbehänge sind auch Schabracken und Zierleisten für den oberen Bereich einer Fensterdekoration bestimmt. Sie verhelfen Proportionen unterschiedlicher Fenstertypen auszugleichen, Befestigungssysteme zu verdecken oder nebeneinander liegende Fenster zu vereinen. Schabracken und Zierleisten werden gewöhnlich aus festem Material wie Holz oder Presspappe hergestellt. Sie können bemalt, modelliert oder mit Stoff bezogen werden.

Klassische Holz-Schabracke

Holzlamellen

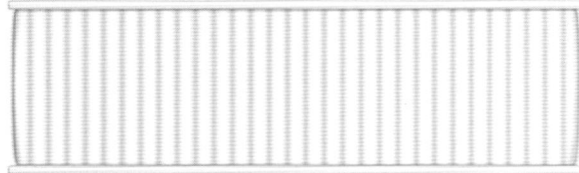

Kastenabdeckung überzogen mit gefaltetem Stoff

Mit Stoff bezogene Karniese aus Dreiecksformen

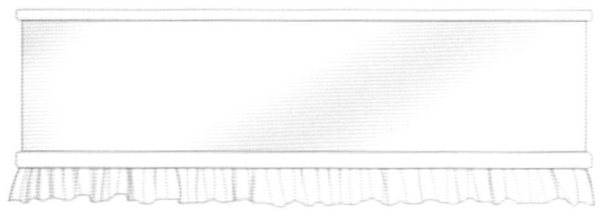

Schabracke in Kastenform mit Rüschensaum

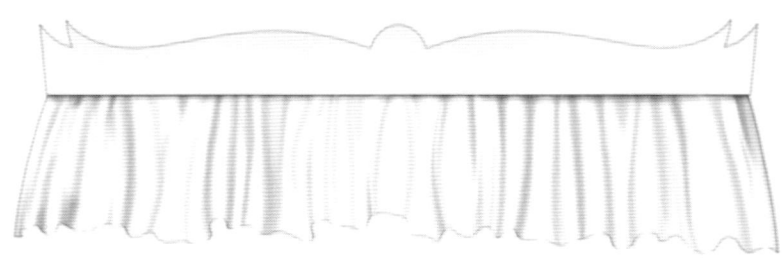

Geschwungene Zierleiste mit Rüschenbesatz

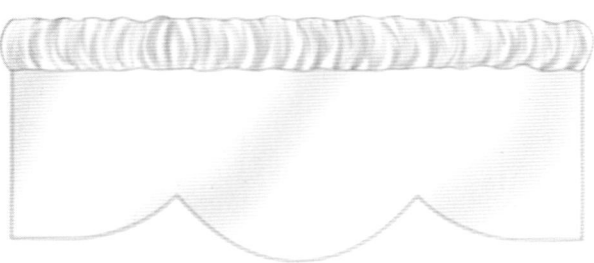

Bogenförmige Schabracke mit gekräuselter Bordüre

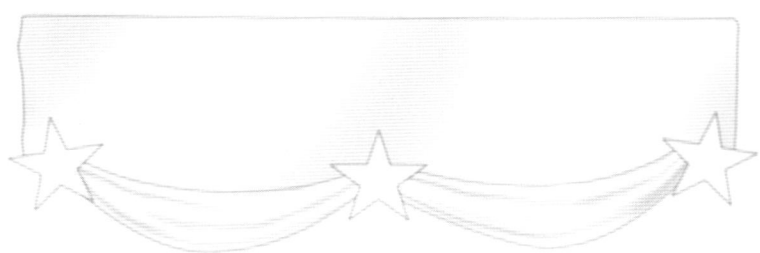

Schabracke mit drapiertem Querbehang und Sternen an den gerafften Stellen

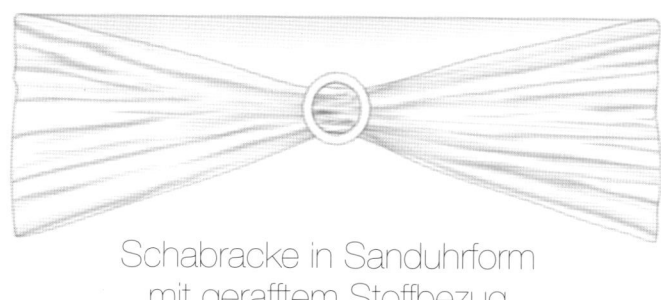

Schabracke in Sanduhrform
mit gerafftem Stoffbezug

Schabracke mit Bogenöff-
nung und gerafftem Stoffbezug

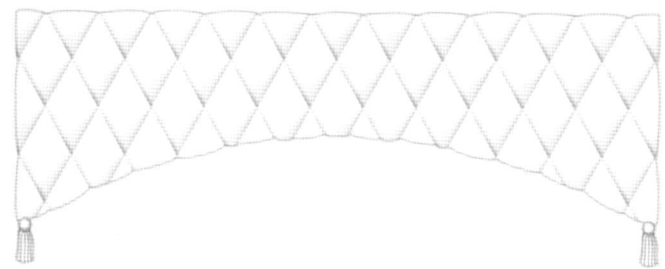

Schabracke mit Bogenöffnung und
gestepptem Bezug mit Quasten

Schabracke mit Elementen aus
gerafftem Stoffbezug

Zierleiste mit einge-
arbeiteter Stoffraffung und
seitlichen Schärpen

Einfache Seitenzipfel mit
geschlossenem Doppelzipfel

Gewölbte Schabracke mit geschnürten
Dreifach-Falten und Kordelschnürung

Lambrequins

Lambrequins rahmen dekorativ den oberen und seitlichen Bereich einer Fensterdekoration. Sie besitzen oft eine geschwungene Form, sind mit Stoff bezogen und mit Troddeln oder Bordüren verziert. Ihre aufwändige Gestaltung trägt dazu bei, die Aufmerksamkeit des Betrachters auf das Rauminnere zu lenken.

Lambrequin mit gerafftem Stoffeinzug

Lambrequin mit betonten Eckabrundungen

Geometrischer Lambrequin mit Konturenbetonung

Rechteckiger Lambrequin mit floralem Stoffmuster

Geometrischer Holz-Lambrequin

Holz-Lambrequin mit Bogen-öffnung

Geschwungener Lambrequin mit dekorativem Aufputz

Lambrequin mit geschwungener, konturenbetonender Linienführung

Gardinenschals

Gerade geschnittene Gardinenschals bieten unkomplizierte Möglichkeiten, ein Fenster informell
und romantisch auzustatten. Besonders geeignet
sind hier leichte und semitransparente Stoffe, die
durch dekorative Gardinenstangen oder Raffhalter
optimal in Form gebracht werden. Auch asymme-
trische Drapierungen sind möglich.

Durch Ösen
drapierter Schal

Asymmetrischer Schal
mit aufliegender Seiten-
schleppe

Punktgelegter
Vorhangschal mit
erhöhter Mitte

Gekreuzte Schalvorhänge

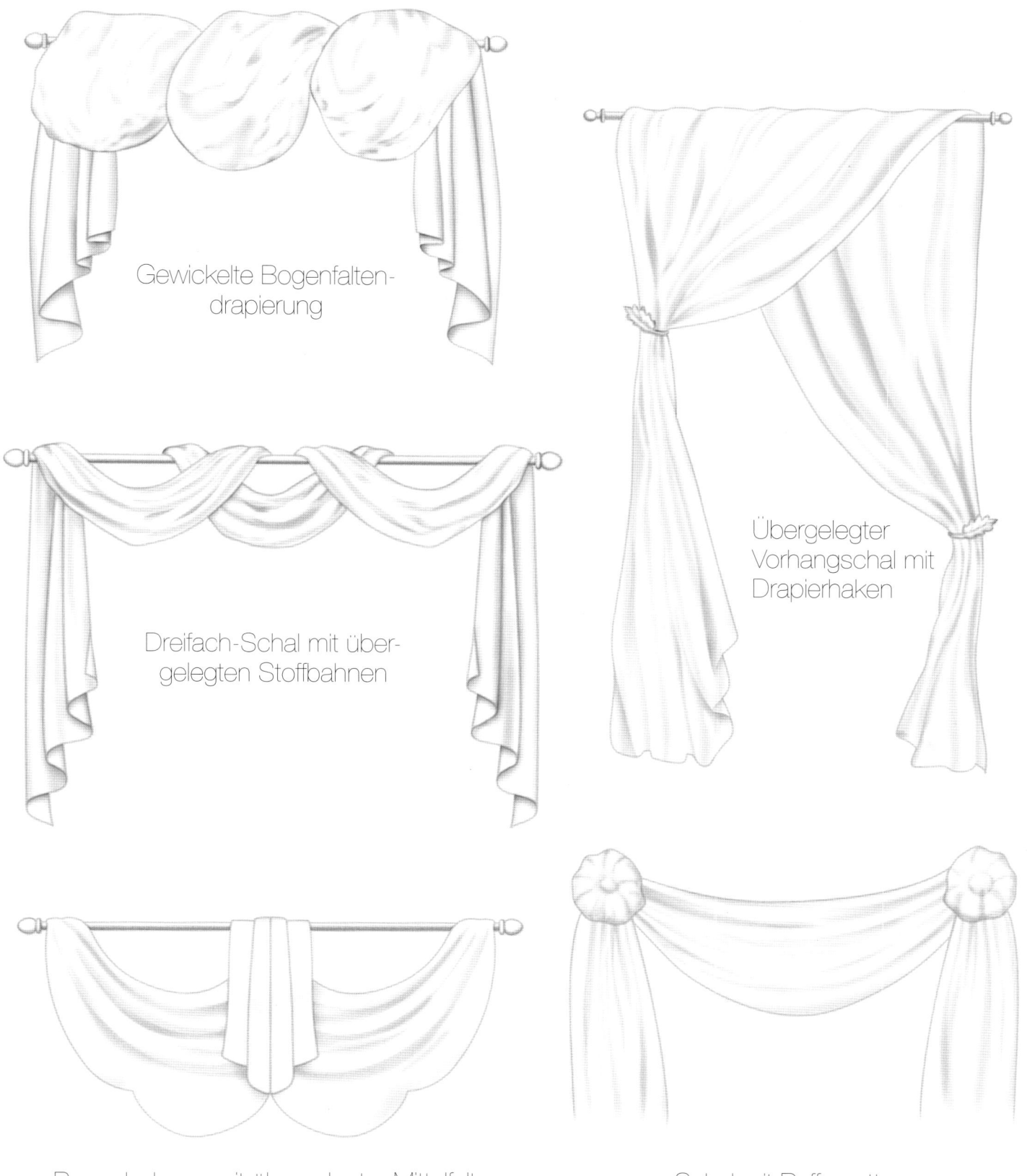

Gewickelte Bogenfalten-
drapierung

Übergelegter
Vorhangschal mit
Drapierhaken

Dreifach-Schal mit über-
gelegten Stoffbahnen

Bogenbehang mit übergelegter Mittelfalte

Schal mit Raffrosetten

Girlanden

Aufwändig maßgeschneiderte Girlanden werden oft mit einem prachtvollen Interieur kombiniert. Ähnlich wie ein Querbehang bilden sie den oberen Abschluss der Fensterdekoration. Sie sind mehrfach drapiert, in Falten und Bögen gelegt oder an den herunterhängenden Säumen mit Fransen oder Troddeln besetzt.

Drapierter Querbehang mit asymmetrischer Zipfelbildung (wasserfallartig)

Bogenfalte mit doppelter Trichterfalte

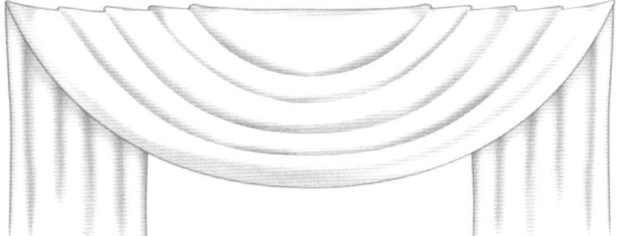

Girlande mit waagerecht angelegten Falten

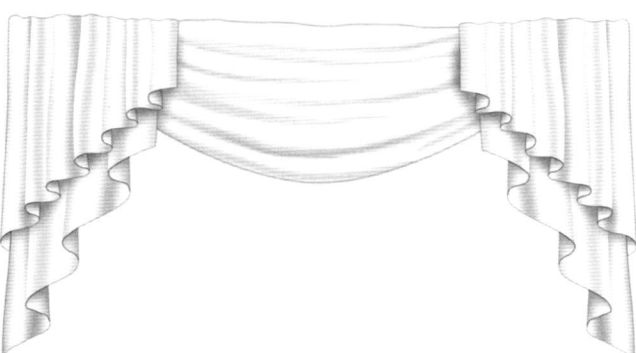

Querbehang mit zwei unterschiedlich gerafften Seitenschärpen (kaskadierend)

Bogenbehang mit Rosetten, kaskadierenden Schärpen und Bändern

Überkreuzende Bogenbehänge

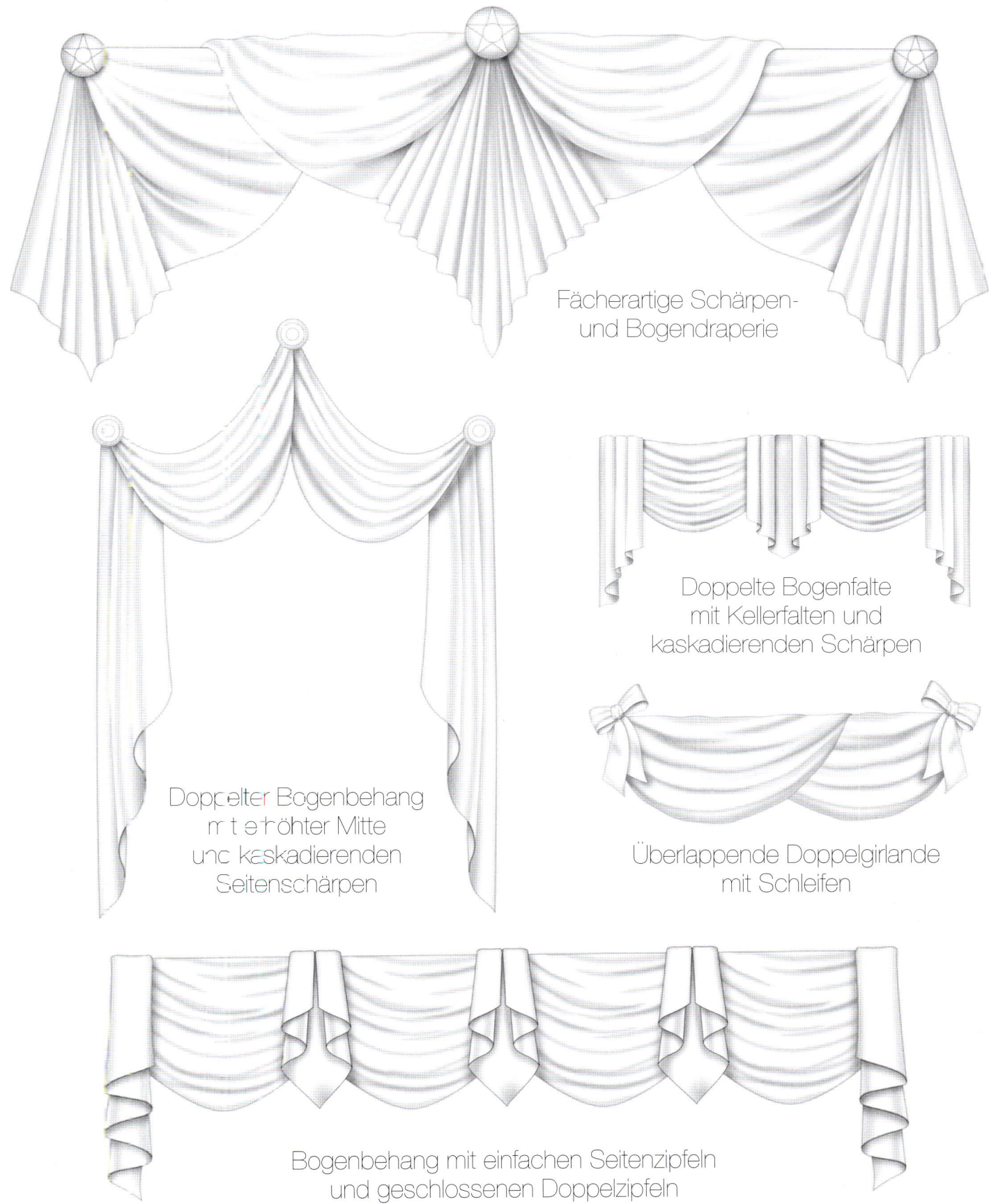

Fächerartige Schärpen-
und Bogendraperie

Doppelte Bogenfalte
mit Kellerfalten und
kaskadierenden Schärpen

Doppelter Bogenbehang
mit erhöhter Mitte
und kaskadierenden
Seitenschärpen

Überlappende Doppelgirlande
mit Schleifen

Bogenbehang mit einfachen Seitenzipfeln
und geschlossenen Doppelzipfeln

Säume

Der untere Saumabschluss ist bei der Fenstergestaltung von besonderer Bedeutung und kann üppig mit Falten, Bordüren, Fransen und Kordeln verziert werden – zudem dient er oft als Gegengewicht
zu opulenten Querbehängen. In einigen Fällen wirkt
auch ein verzierter Seitensaum sehr dekorativ; bei
Rollos sind gebogene Säume besonders attraktiv.

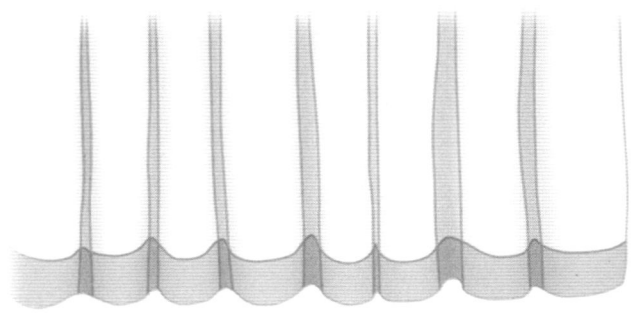

Saumbordüre in Kontrastfarbe

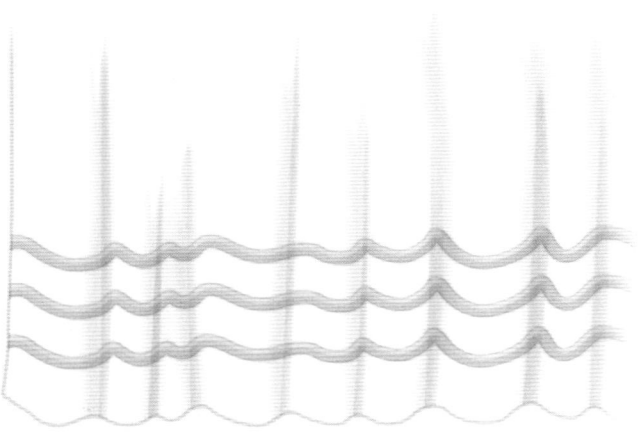

Applizierte Streifen

Biesen

Kordeldurchzug

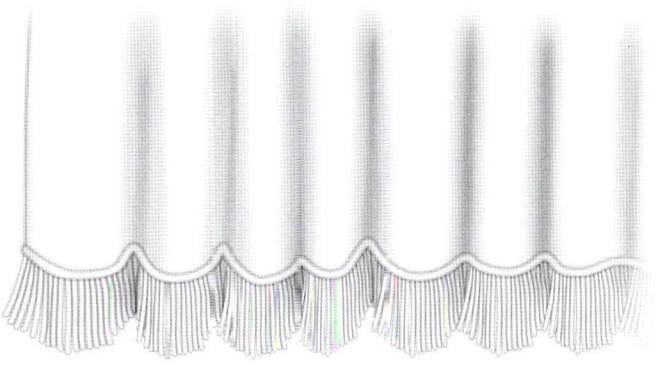

Fransenbesatz

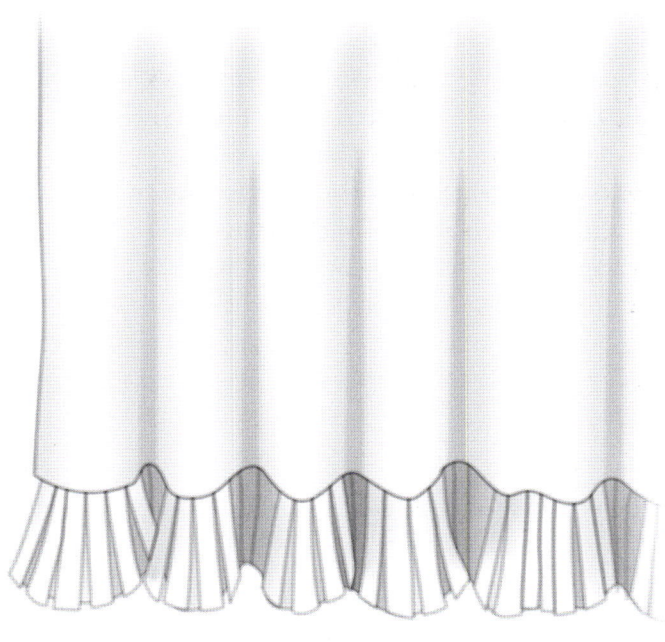

Faltensaum

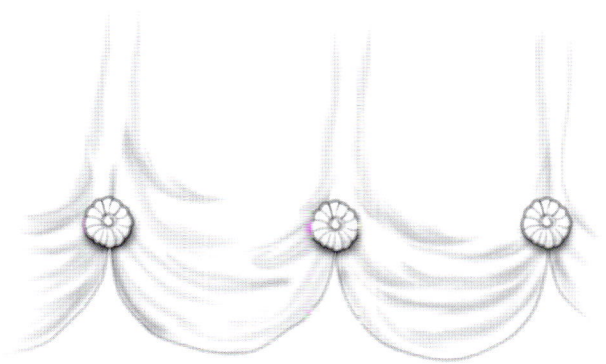

Mit Rosetten gerafft

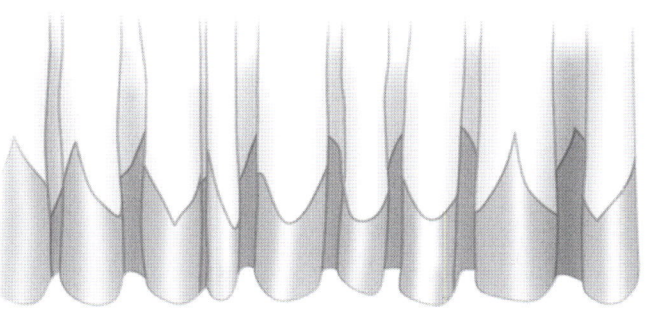

Geschwungene Bordüre

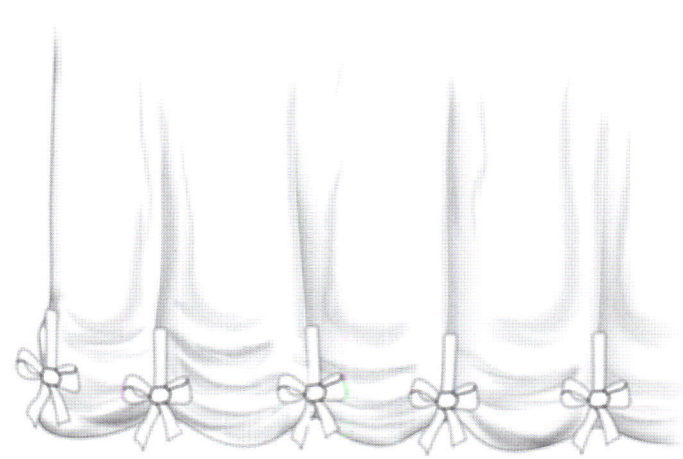

Mit Schleifen gerafft

Zug- und Springrollos

Zug- und Springrollos bestehen meistens aus einem steifen Material, das über eine Welle gewickelt wird. Beim Springrollo wird durch Herunterziehen die Federmechanik gespannt und die Rollachse durch Sperrhaken festgestellt. Beim Zugrollo mit selbsthemmendem Seitenzug wird der Stoff mittels einer Endlos-Kette bewegt. Diese Rollos sind sehr funktional und dezent, zudem sind sie sehr gut als Sicht- und Lichtschutz einsetzbar.

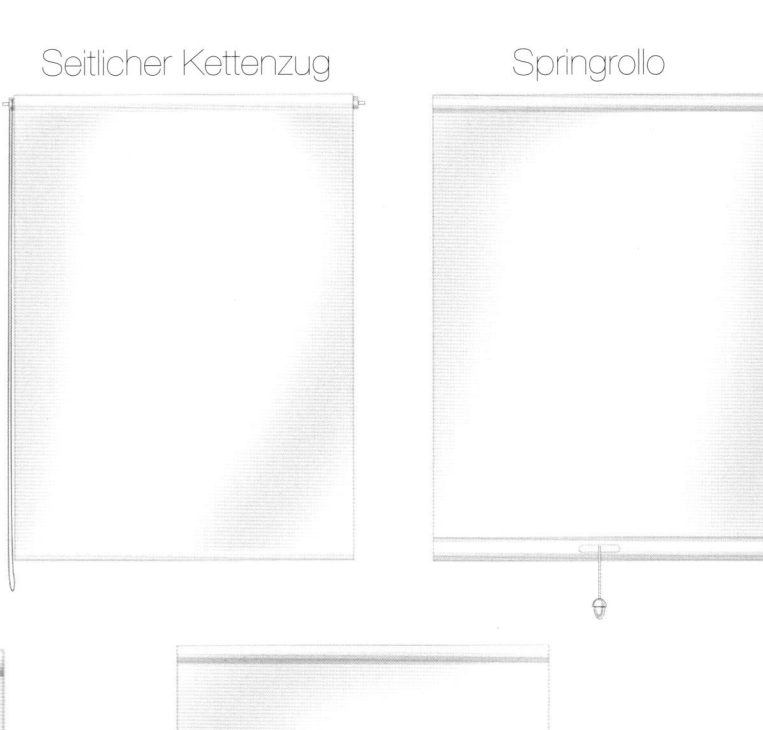

Seitlicher Kettenzug

Springrollo

Mit quadratischen Aussparungen

Mit runden Aussparungen

Abschlussstange mit bogenförmigen Laschen

Abschlussstange mit rechteckigen Laschen

Geschwungener Saum

Bogenförmiger Saum

Zinnenartiger Saum

Fransensaum
mit Zugquaste

Abschlussstange mit
halbrundem Ausschnitt

Kontrastierender Saum
mit Griff

Diagonale
Aussparungen

Faltrollos

Der glatt liegende Stoff des Faltrollos wird durch auf
der Rückseite laufende Bänder nach oben gefaltet.
Dadurch entstehen die charakteristischen, waage-
rechten Falten. Zusätzlich kann man diese durch
den Einzug waagerechter Holzstäbchen versteifen.
Grundsätzlich eignen sich für diese Art von Rollos
fast alle Stoffarten – von transparent bis blickdicht.
Aufgrund der einfachen Bedienung kommen Faltrollos bei der Fenstergestaltung oft zum Einsatz.

Fächerförmiges Faltrollo

Einfaches Faltrollo

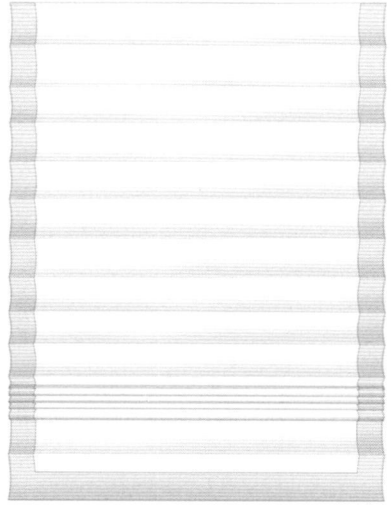

Faltrollo mit
Kontrast-Bordüre

Gestreiftes Rollo mit Biesen

Rollo mit Seitenzug und
Troddelbordüre

Faltrollo mit horizontal eingenähten Stäben

Rollo mit Biesen

Rollo mit Borte

Raffrollos

Der Stoff des Raffrollos wird nicht wie bei einem Zug- oder Springrollo auf eine Welle gewickelt, sondern durch Bänder auf der Rückseite nach oben gerafft. Je nach Raffung und Materialfülle entsteht ein mehr oder weniger im Bogen durchhängender Faltenfall. So genannte Wolkenrollos erhalten auch in der Breite eine Stoffzugabe und fallen dann in wolkigen Bögen. Sie wirken auch geschlossen romantisch-dekorativ.

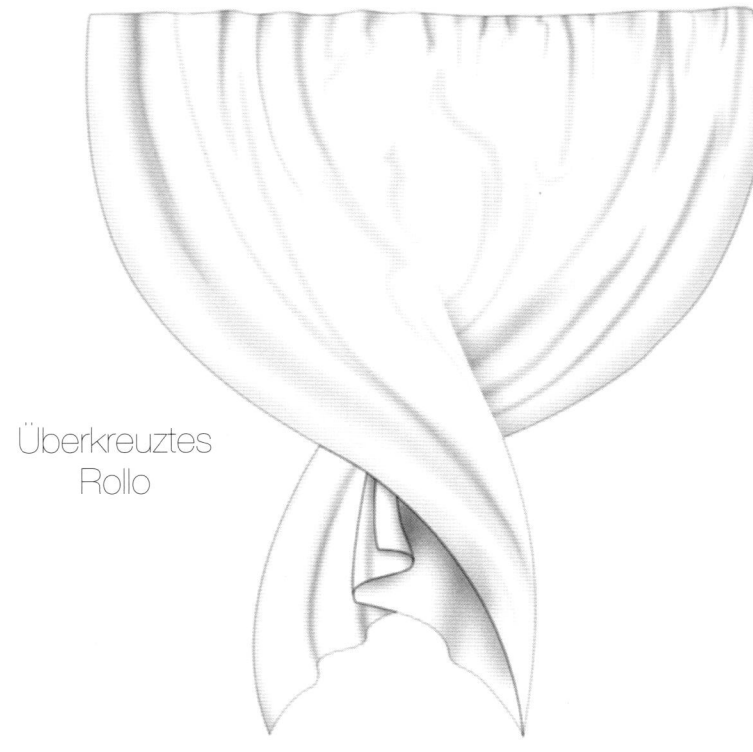

Überkreuztes Rollo

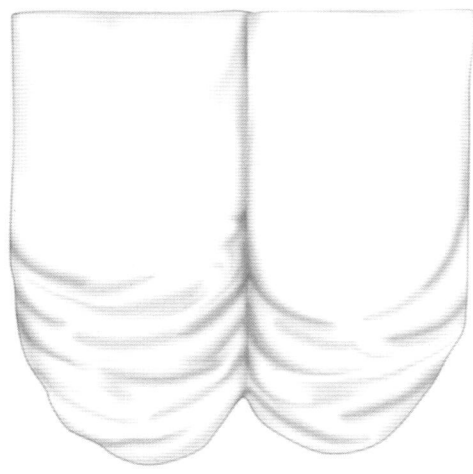

Zweiteiliges Raffrollo

Fächerrollo

Rollo mit Seitenraffung

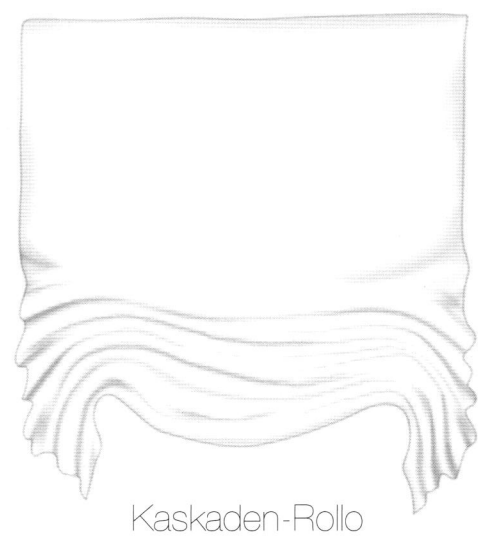

Kaskaden-Rollo

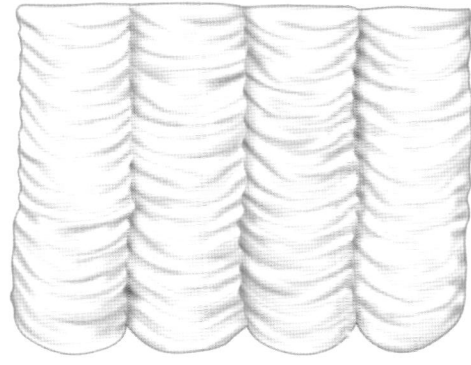

Wolkenrollo

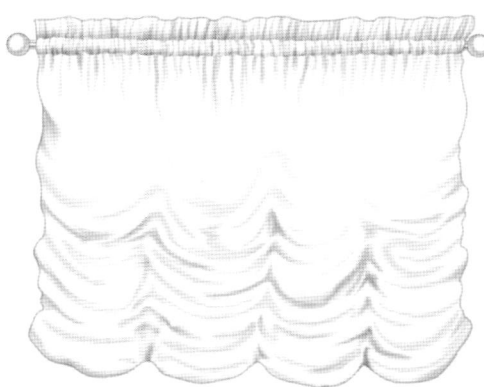

Vierteiliges
Raffrollo

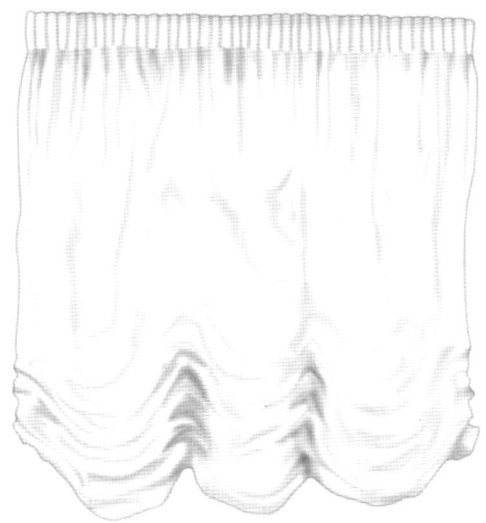

Dreiteiliges Raffrollo

Bauschiges
Raffrollo

Gebauschtes Wolkenrollo

Mittig aufgebun-
denes Rollo

Schnürrollos und Scheibenhänger

Schnürrollos bestehen meist aus ungefütterten Stoffbahnen oder Natur-Materialien wie Bambus. An der Oberkante sind rechts und links zwei Bänder- oder Schnürpaare befestigt, von denen jeweils ein Band vor und hinter dem Rollo verläuft. Durch das Verschnüren der Bänder von Hand lässt sich das Rollo in jeder gewünschten Höhe fixieren. Es empfiehlt sich für Fenster, die nicht häufig bewegt werden müssen.

Scheibenhänger werden in den Fensterrahmen direkt vor der Fensterscheibe befestigt und bestehen meist aus lichtdurchlässigen leichten Stoffen. Schwenkbare Scheibenhänger können wie Fensterläden in jede beliebige Position gebracht werden und eignen sich besonders für Gaubenfenster.

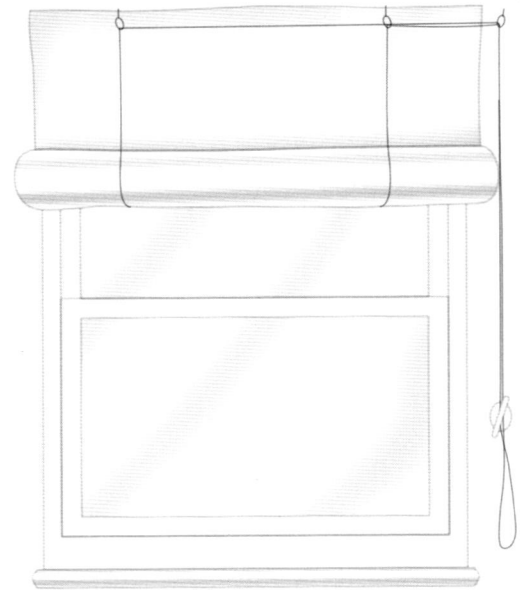

Rollo mit Kordelzug

Schnürrollo mit Schleifchen

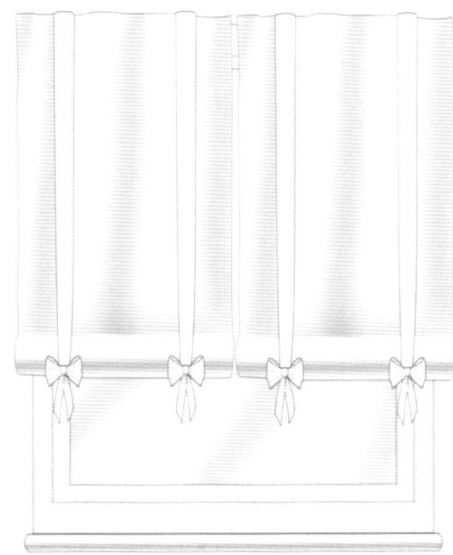

Doppeltes Schnürrollo

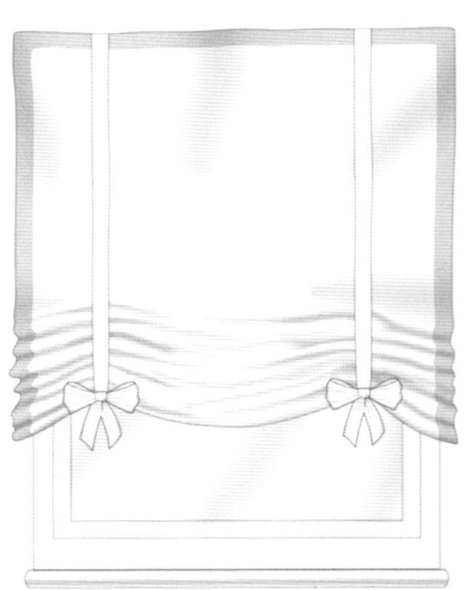

Gerafftes Schnürrollo

Schiebeelement

Schwenkbarer
Scheibenhänger

Scheibenhänger mit Ringen

Gekräuselter
Scheibenhänger

Scheibenhänger aus
Spitze

Fensterläden

Fensterläden bestehen meistens aus strapazierfähigem Holz und können – ähnlich wie Türen – dank Scharnieren bei Bedarf geöffnet werden. Verstellbare Lamellen dienen dazu den Licht- und Sichtschutz zu regulieren. Ursprünglich schützten Fensterläden den Innenraum vor äußeren Einflüsse wie Sonne, Wind und Kälte. Heutzutage fungieren sie eher als dekorative Elemente und ersetzen nicht selten Gardinen.

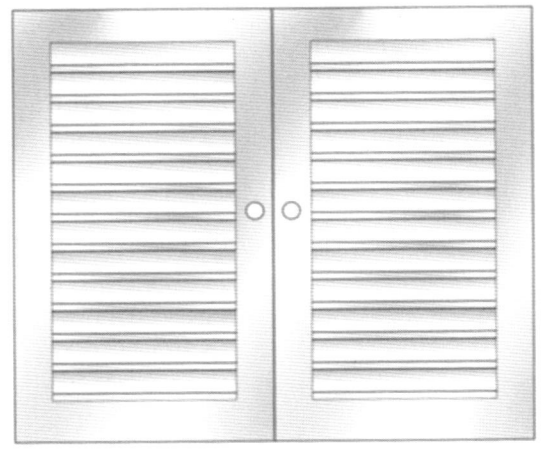

Fensterläden mit fixierten Lamellen

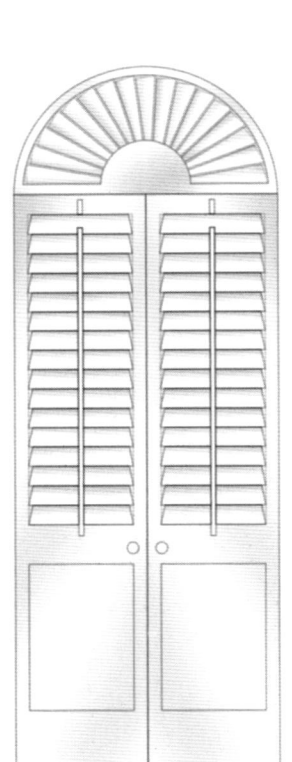

Festes Bogenelement und Fensterläden mit Lamelleneinsatz

Zweigeteilte Fensterläden

Falttüren

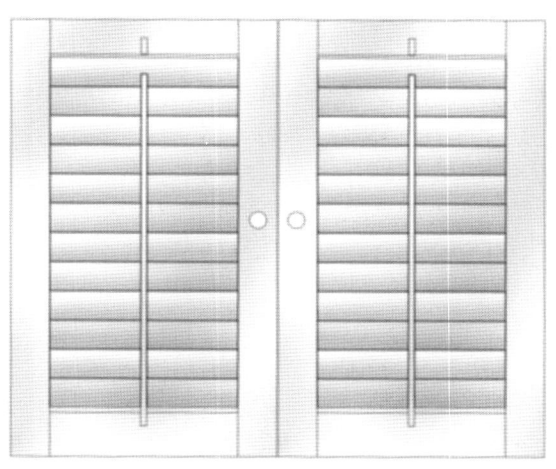

Fensterläden mit
verstellbaren Lamellen

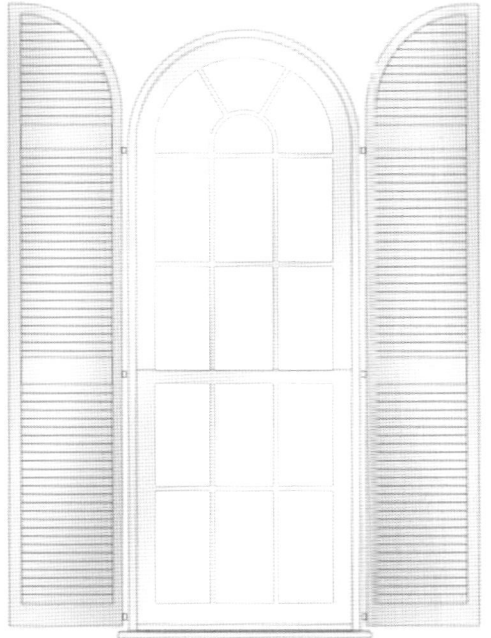

Lamellentür mit Bogenform

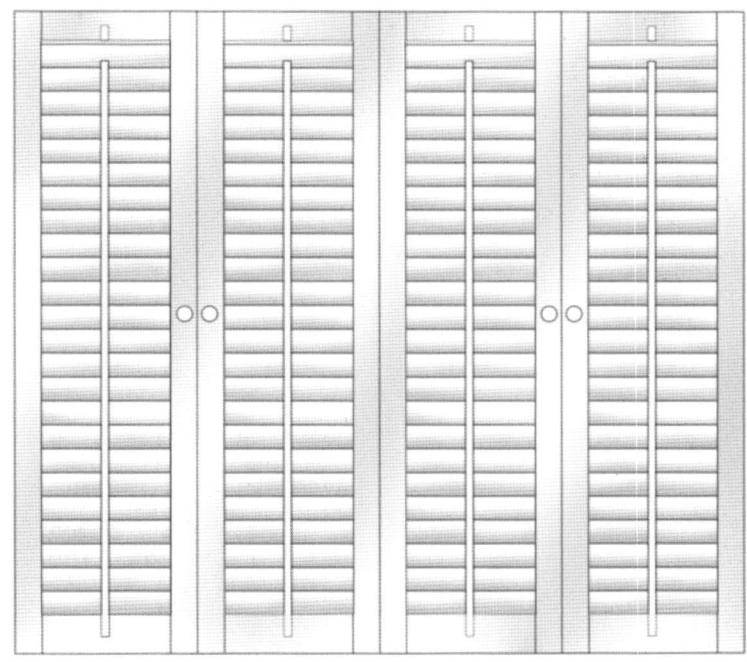

Lamellen-Falttüren

Rosetten, Schleifen und Raffhalter

Accessoires wie Stoffrosetten und Schleifen sind rein dekorative Elemente. Sie verleihen drapierten Querbehängen und Oberkanten einen besonderen Charme. Raffhalter sind primär durch ihre Funktion bestimmt: Mit ihnen wird der Vorhang zur Seite gebunden, wodurch nicht nur der Lichteinfall, sondern auch die Silhouette und der Faltenwurf bestimmt werden. Zusätzlich lassen sich durch Verzierungen und Formenvariationen Akzente setzen.

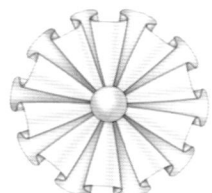

Rosette mit Quetschfalten

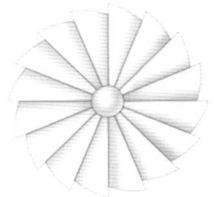

Gefaltete Rosette

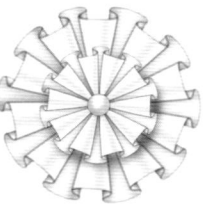

Doppelrosette

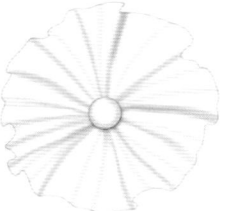

Einfach geraffte Rosette

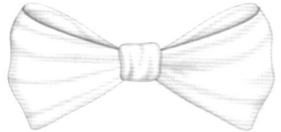

Einfach-Schleife

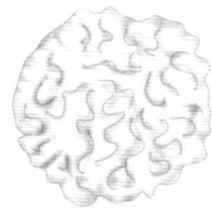

Getuffte Stoffrosette

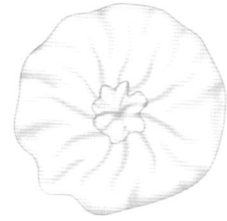

Bauschig geraffte Rosette

Mit drei Schlaufen

Mit vier Schlaufen (Malteser-Kreuz)

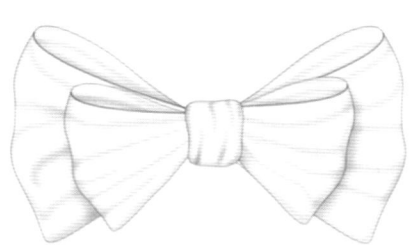

Doppelschleife

Schleife mit Bandenden

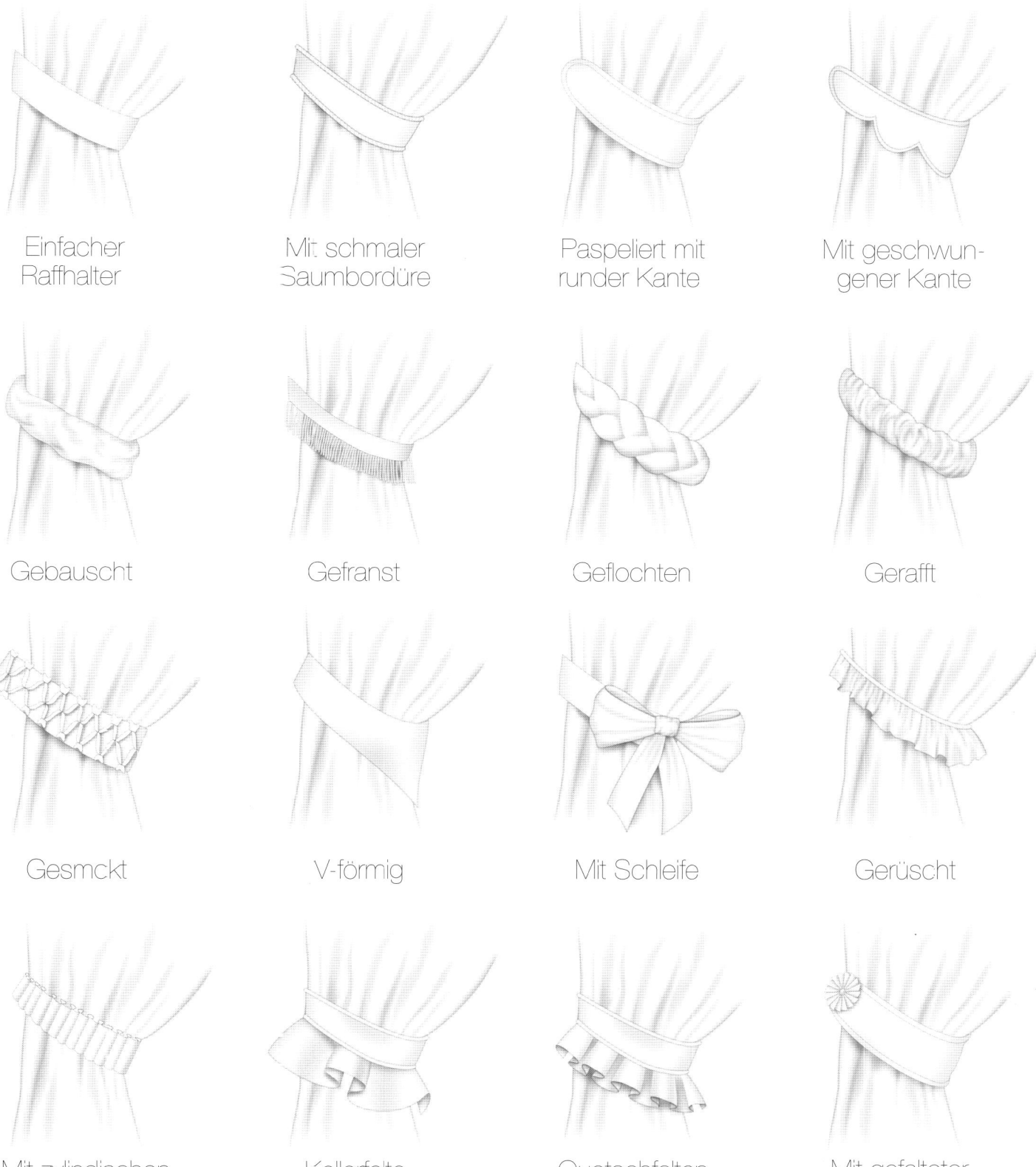

Einfacher
Raffhalter

Mit schmaler
Saumbordüre

Paspeliert mit
runder Kante

Mit geschwun-
gener Kante

Gebauscht

Gefranst

Geflochten

Gerafft

Gesmokt

V-förmig

Mit Schleife

Gerüscht

Mit zylindischen
Falten

Kellerfalte

Quetschfalten

Mit gefalteter
Stoffrosette

Glossar

Biese Mehrere schmale, parallel abgenähte und zu einer Seite glatt gebügelte Falten.

Brokat Gewebe mit reicher Musterung, meist mit Gold- oder Silberfäden.

Bordüre Besatzstreifen, verzierte Kante oder Geweberand; gewebt, gewirkt, geknüpft, bestickt oder bedruckt.

Chenille Gewebe mit samtähnlicher Oberfläche; das Garn besteht aus kurzen, eingewebten Fasern.

Chintz Dünnes, glänzend-schimmerndes Baumwollgewebe in Leinwandbindung; manchmal mit speziellem Wachsüberzug. Als Dekostoff oft mit mehrfarbigen, floralen Mustern bedruckt.

Damast Meist einfarbiges Gewebe mit eingewobenem Muster, das durch Abwechseln verschiedener Bindungen erzeugt wird.

Dreifachfalten Drei an einem Punkt zusammengelegte Falten.

Draperie Dekorativ geraffter und in Falten gelegter Stoffbehang.

Dupion Gewebe aus ungleichmäßigem Garn, meist aus Seide, aber auch aus Kunstfasern.

Gaze Sehr dünnes, semitransparentes Gewebe in Leinwandbindung.

Gardinenhaken Helfen beim Fixieren von Gardinenfalten.

Faltenband Falten- und Gardinenbänder helfen beim Erzeugen oder Fixieren exakter Falten. Von hinten an den Gardinenstoff genäht entstehen beim Zusammenziehen des Gardinenbands gleichmäßige Faltengruppen (z. B. Dreifach- oder Fünffachfalten).

Faltrollo Der glatte Stoff von Faltrollos wird durch auf der Rückseite laufende Bänder nach oben gefaltet.

Feston Arkadenförmige Bordüre zur Verzierung von Textilien.

Flämische Falte Eingenähte Falten einer Fensterdekoration mit sehr exakter Faltenbildung und glatten Zwischenräumen zwischen den einzelnen Falten.

Flocksamt Samt-Imitat, bei der mit einem speziellen Kleber kurze Faserflocken auf feinem Grundgewebe fixiert werden.

Fischgratbindung Name leitet sich vom fischgratähnlichen Muster ab, bei dem die Köperbindung mit wechselnder Gratrichtung voneinander abgesetzt wird.

Freihand-Draperie Ein frei über eine Gardinenstange gelegter Stoff. Es können Bögen, Schärpen, Verschlingungen etc. erzeugt oder mehrere Stoffteile miteinander kombiniert werden.

Gardinenschiene Schienen zum Befestigen von Gardinen in verschiedenen Ausführungen: aus Holz, Metall oder Kunststoff, mit oder ohne Blende, Einfach- oder Mehrfachschienen.

Girlande Bogenförmiger Behang.

Inlett Sehr feinfädig gewebter Stoff aus Baumwolle, der als Einfüllstoff verwendet wird.

Jacquard-Gewebe Bezeichnung geht auf Joseph-Marie Jacquard (1752-1834) zurück, den Erfinder des ersten durch Lochkarten „programmierbaren" Webstuhls. Die Gewebe sind großflächig und vielfältig gemustert.

Jalousie Horizontallamellen, die mit einem Zug- oder Schnürsystem bedient werden. Sie sind in unterschiedlichen Materialien und Oberflächendessins erhältlich.

Kaffeehausgardine Kurzgardine, meist als Scheibenhänger.

Kannelure Senkrechte, halbrunde Rillen; ursprünglich in griechischen Säulen oder Pfeilern, als dekoratives Motiv auch im Möbelbau z. B. an Gardinenstangen zu finden.

Kaskade Stufenförmiges, wasserfallähnliches Gebilde.

Kelchfalte Falten, die sich kelchartig nach oben hin öffnen und unten punktförmig zusammengefasst sind.

Kellerfalte Auch Quetschfalte genannt. Zwei zueinander gelegte Falten stoßen mit den Ecken aneinander. Die Faltenbrüche treffen vorne in der Mitte der Faltentiefe aneinander.

Köper Grundbindungsart von Textilgeweben, wobei die schräg nebeneinander liegenden Bindungspunkte einen diagonal verlaufenden „Grat" im Gewebe bilden.

Köpfchen Bezeichnung für die oben überstehende Kante bei Gardinen mit Raffungen oder Kräuselungen. Dahinter können Stangen oder Haken verdeckt werden.

Kordel Mehrfach gedrehte Zierschnur.

Kräuselband Siehe Faltenband.

Lambrequin Drapierter Querbehang an Fenstern, Türen u.a., Fallblatt oder Schabracke, der zungenförmig, zackenförmig oder geschweift und häufig zusätzlich mit Posamenten in Form von Fransen oder Quasten besetzt. Er bildet den oberen Abschluss einer Fensterdekoration.

Lamellenvorhang Vertikale Lammellen in unterschiedlichen Breiten und aus verschiedenen Materialien, die seitlich verschiebbar und drehbar sind.

Leinen Naturfaser aus der Lein- oder Flachspflanze und daraus gefertigtes Gewebe.

Leinwandbindung Kleinste Grundbindung eines Gewebes in einem Rapport aus zwei Schuss- und zwei Kettfäden.

Musselin Sehr leichte, feinfädige und glatte Stoffart mit weichem Griff und entsprechend gutem Fall. Vorwiegend aus Baumwolle in Leinwandbindung hergestellt.

Nadelmalerei Sehr feine Stickerei aus unterschiedlichen Sticktechniken (Plattstich, Stielstich, Knötchenstich).

Paspel Bezeichnung für einen Nahtbesatz. Paspelierte Kanten aus formgerecht zugeschnittenen Streifen sind eine dekorative Ergänzung für Kissen, Bettdecken und Vorhänge.

Paisley Abstraktes Stoffmuster, das in seiner Grundform ein Blatt mit einem spitz zulaufenden, gebogenen Ende zeigt.

Plissee 1. Schmale, gepresste, gleichmäßig verlaufende Falten in Textilien werden als Plissee (frz. plissé) bezeichnet.
2. Bezeichnung für ein Rollo mit schmaler, dauerhaften Falten.

Posamente Sammelbezeichnung für schmale Textilerzeugnisse. Darunter sind alle Arten von Besatz- und Schmuckartikeln, wie Borten, Fransen, Quasten und Schnüre zu verstehen.

Quast Hängendes Bündel von Fäden oder Schnüren, am oberen Ende oft begrenzt durch einen Knoten.

Querbehang Oberer Abschluss einer Fensterdekoration.

Quetschfalte Eine Quetschfalte gleicht einer Kellerfalte. Einziger Unterschied: Bei der Quetschfalte treffen die Faltenbrüche auf der Innerseite der Faltentiefe aufeinander.

Raffbögen Durch die Raffung von Stoffbahnen (z. B. von Seitenvorhängen oder Querbehängen) entstehen weich fallende Bögen.

Raffrollo Durch Bänder auf der Rückseite nach oben zu raffendes Rollo.

Raffbänder Stoffbänder in unterschiedlichen Ausstattungen zum Zusammenhalten und Drapieren eines Seitenvorhangs.

Raffhalter Halterung für zur Seite geraffte Gardinen oder Vorhangschals in unterschiedlichen Materialien und Ausführungen.

Rosette Stilisierte Blüte oder ornamentales Gebilde; dient aus Metall (z. B. Messing) gefertigt als Wandabstandhalter oder wird aus Stoff hergestellt und wie ein rosenförmiges Schleifchen am Ende eines Formraffhalters angebracht.

Samt Hochwertiges, auf speziellem Samtwebstuhl gefertigtes Gewebe. Bei der Herstellung wird ein zweiter Schuss- oder Kettfaden eingearbeitet. Dieser bildet Schlaufen, die meist aufgeschnitten werden und so den typischen Faserflor ergeben.

Satin Gewebe mit stark glänzender, glatter Ober- und matter Unterseite; je nach Faserart und Garn leicht oder schwer, matt- oder hochglänzend, fließend oder steif. Bevorzugte Fasern zur Herstellung sind Seide, Viskose oder Polyester.

Schabracke Meist aus Holz gefertigter und mit Stoff bezogener Querbehang einer Fensterdekoration. Die Unterkante kann unterschiedlich geformt und mit einer Borte verziert sein.

Schärpe Herunterhängendes Stoffstück eines Querbehangs oder Schaldraperie, das meist spitz zusammen läuft.

Scheibengardine Im Fensterrahmen direkt vor der Scheibe befestigte Gardine, meist aus leichtem Stoff.

Schnürrollos Rollos, die mit Schnürsystemen stufenlos bewegt werden können.

Seide Sehr edle und extrem dünne Naturfaser die aus den Kokons von Seidenraupen gezogen wird.

Shoji Japanische Schiebetüren.

Spitze Textilerzeugnis mit filigran durchbrochener Struktur; unterschiedliche Ausführungen: Klöppel-, Häkel-, Tüllspitze etc.

Springrollo Auf eine Welle gewickeltes Rollo mit Federmechanismus.

Taft Leinwandbindiges Gewebe aus Seide oder Synthetik mit dichter Ketteinstellung, wodurch sich feine Querrippen bilden.

Toile-de-Jouy Baumwollstoff mit charakteristischem, zweifarbigen Dessin: Auf weißen Stoff werden rote (typische Farbstellung) – oder blaue Motive mit chinoisen oder pastorale Szenen, verbunden mit feinen Ranken und Blüten, gedruckt.

Troddeln Bündel von zusammengefassten Fäden.

Tunneldurchzug; Tunnelsaum An die Oberkante des Vorhangs genähter Saum zum Durchzug der Gardinenstange.

Velour Samtartiges Gewebe mit hochstehendem Flor.

Voile Halbdurchsichtiger, feiner Stoff mit weichem Faltenfall; meist aus Polyester-Endlosgarnen oder Baumwolle hergestellt.

Volant Optisch der Rüsche ähnlicher, allerdings kreisförmig geschnitten und nicht geraffter Besatz an der Unterkante einer Fensterdekoration oder eines Polstermöbels.

Wolkenrollo Raffrollos, die auch in der Breite eine Stoffzugabe haben und daher wolkig in Bögen fallen.

Zugrollo Rollo mit Seitenzug, der durch eine Endlos-Kette bewegt wird. Die Abwicklung auf eine Aluminiumwelle veranlasst ein Seitenzug, den es in verschiedenen Ausführungen gibt (Endlos-Kugelkette, Gurtband und Perlonzugschnur).

Zylindrische Falten Auch Rundfalten genannt, erzeugen einen geraden, linearen Faltenwurf.

Praktische Hinweise

1. Stoffauswahl

Bei der Materialauswahl geht es nicht nur darum, ein schönes Muster oder eine ansprechende Farbe zu finden. Abgesehen von dem Dessin müssen auch praktische Aspekte bedacht werden:

- Die Reinigungs- und Pflegeeigenschaften des Stoffs müssen geprüft werden. Oft ist es bei Gardinen wegen der Materialmenge nicht möglich, sie in der eigenen Waschmaschine zu waschen. Bei gefütterten Gardinen kann es zu Problemen kommen, wenn der Oberstoff waschbar ist, der Futterstoff aber z. B. zum Einlaufen neigt – separat waschbare Futterstoffe sind hier empfehlenswert. Generell muss vorab geprüft werden, ob und wie die Textilien gewaschen werden können, ob sie farbecht sind oder eine chemische Reinigung verlangen.

- Wählt man Naturtextilien wie Leinen oder Baumwolle muss bedacht werden, dass sie beim Waschen einlaufen können. Entweder wählt man einlaufsichere Textilien (z. B. vorgewaschen) oder fügt eine großzüge Nahtzugabe hinzu.

- Die Farb- und Lichtechtheit des Materials ist zu überprüfen. Beispielsweise neigen Seidenstoffe bei direkter Sonneneinstrahlung zu einem starken Verblassen der Farben. Zwischenfutter als Lichtschutz sind hier sinnvoll, um die Farbintensität zu erhalten.

- Bei großflächigen Mustern muss beim Stoffeinkauf auf den Musterrapport geachtet werden – besonders wenn zwei oder mehrere gleich gemusterte Vorhänge gefertigt werden sollen.

- Ein Stoff sollte immer bei Tageslicht und bei künstlichem Licht betrachtet werden, da sich durch unterschiedliche Lichtqualitäten die Wirkung der Farbe und Textur verändert.

- Der Faltenwurf und Materialfall, aber auch die Wirkung der Farben und der Textur sollte man vorab an einem Probestück testen.

2. Maßnehmen

Unabhängig davon, ob man die Gardinen selbst herstellt oder den Auftrag in professionelle Hände überträgt, muss vorab ausgerechnet werden, wie viel Material notwenig ist und welche Kosten dadurch entstehen. Um eine exakte Berechnung aufzustellen, sind drei Maßangaben notwendig: die gewünschte Breite,

Tipps für die Maßabnahme

- Jedes Fenster muss einzeln ausgemessen werden, auch wenn sie gleich aussehen.
- Zum Messen eignet sich am besten ein Rollmaßband mit Federmechnismus.
- Jedes Maß sollte mindestens einmal überprüft werden.
- Wenn Rollos genau in den Fensterrahmen eingepasst werden sollen, muss dieser besonders grundlich ausgemessen werden: nicht alle Fenster sind exakt rechtwinkelig!
- Fußböden und Decken sind oft nicht ebenmäßig. Um sicher zu sein, muss die Raumhöhe an mehreren Stellen des Raumes gemessen werden. Bei großen Höhenunterschieden ist es besser, den Saum direkt vor Ort, also erst dann, wenn die Gardien schon hängt, abzustecken und danach erst festzunähen..

die gewünschte Länge und die Maße für den Zuschnitt. Hierbei sind die Saumzugaben, angesetzte Bordüren oder Faltenbesätze zu berücksichtigen.

Berechnung der fertigen Länge

Zuerst muss festgelegt werden, in welcher Höhe die Gardinenstange oder die Gardinenschiene anzubringen ist. Diese Höhe kann zwischen der Deckenhöhe und der Fensterrahmenhöhe variieren. Zu berücksichtigen ist auch das Raumgefüge und ob eventuell Proportionen auszugleichen sind. Bei exakt bodenlangen Vorhängen empfiehlt es sich, zunächst das Befestigungssystem anzubringen und danach die genaue Länge zu bestimmen.

Für die Gesamtlänge ist der erste Meßpunkt an der Gardinenschiene bzw. bei Gardinenstangen am unteren Ende der Ringe anzusetzen. Die Messung endet dort, wo der Saum enden soll. Für fensterlange Vorhänge, die auf Fensterbretthöhe enden, muss bis zur Fensterbrettoberkante gemessen werden ①. Soll der Vorhang etwas länger sein, können noch 10-15 cm zugefügt werden – je nach Proportionen des Fensters und abhängig von eventuell vorhandenen Heizkörpern. Für bodenlange Vorhänge ② muss bis zum Fußboden gemessen werden. Soll der Vorhang frei hängen, zieht man von dieser Länge 1 cm ab. Wenn der Vorhang aufliegen soll, fügt man 1,5 cm hinzu.

Berechnung der fertigen Breite

Die Breite des Fensters ist das Ausgangsmaß. Sollen sich zwei Seitenvorhänge in der Fenstermitte treffen bzw. sollen sie sich überlappen, sind 5 cm hinzuzurechnen ③. Wenn eine Gardinenschiene um eine Fensteröffnung geführt werden muss ④ – z. B. in einem abdunkelbaren Schlafzimmer – ist diese Länge zusätzlich zu berücksichtigen ⑤: mindestens 10 cm oder auch mehr – je nach Länge der tatsächlichen Distanz.

Berechnung der benötigten Stoffbahnen

Jeder Stoff hat eine vorgegebene herstellungsbedingte Breite. Sehr aufwändige und voluminöse Vorhänge können aus sechs bis sieben Stoffbahnen gefertigt sein. Wenn nur ein schmaler Vorhangschal gefertigt werden soll, der aus einer Stoffbahn oder weniger besteht, können Sie dieses Kapitel überspringen.

- Um die Anzahl der benötigten Stoffbahnen zu berechnen, muss die Breite des gewünschten Vorhangs mit dem gewünschen Faltenwurf bzw. dem Volumen und der Breite der Stoffbahn in Beziehung gesetzt werden: Tiefe Falten und reiche Drapierungen erfordern mehr Material (siehe unten). Die hier vorgestellten Hinweise sind als Orientierungspunkte zu verstehen, da die genaue Berechnung von den spezifischen Materialeigenschaften abhängt.

Vorhang-Oberkante	Stoffbreite
gekräuselte Oberkante, Tunnelsaum, Ösen, Schlaufen	1,5- bis 2-faches der gemessenen Breite
zylindrische Falten	2-fache Breite
Biesen, Kelchfalten	2- bis 2,5-fache Breite
Bleistiftfalten, Kellerfalten	2,5- bis 3-fache Breite

- Die gewünschte Breite des Vorhangs muss nun mit dem entsprechenden Wert multipliziert werden. Das Ergebnis

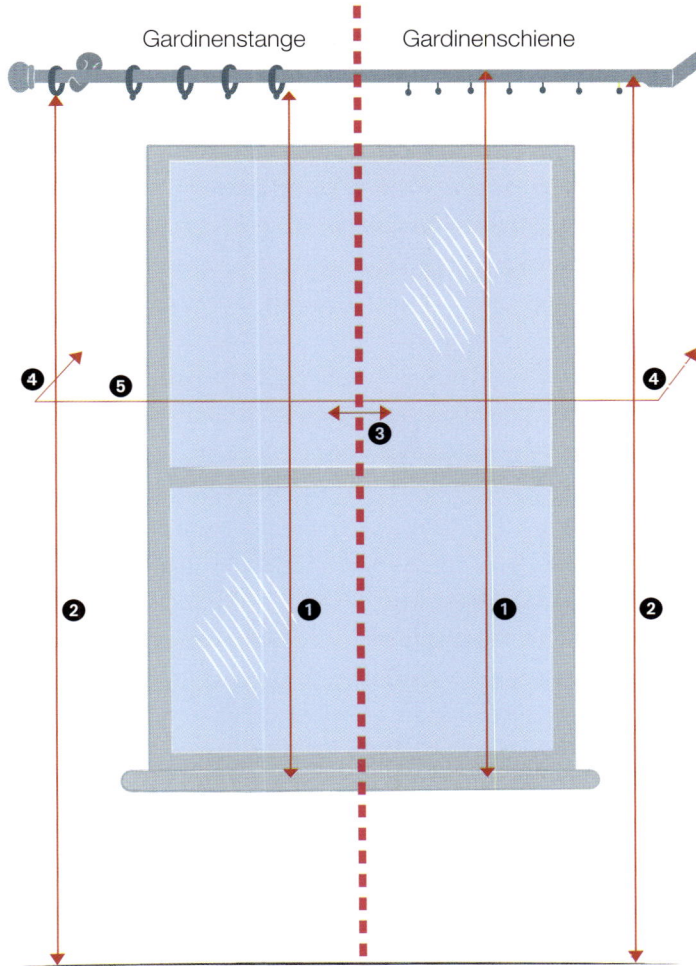

Gardinenstange   Gardinenschiene

① gewünschte Länge von der Gardinenstange (bzw. Ringunterkante) bis zum Fensterbrett

② gewünschte Länge von der Gardinenstange (bzw. Ringunterkante) bis zum Fußboden

③ überlappende Vorhänge

④ zusätzliche Tiefe

⑤ gewünschte Länge inklusive Überlappungen und Tiefe

muss nun durch die Stoffbahnbreite geteilt werden. Je nach Herstellungstechnik des Stoffes variiert diese Breite meist zwischen 90 cm und 160 cm. Auf- oder abgerundet ergibt sich so annäherungsweise die Anzahl der benötigten Stoffbahnen.

Berechnung der Länge des Zuschnitts

- Für die Unter- und Oberkanten müssen Saumzugaben hinzugerechnet werden, in der Regel 30-40 cm. Addiert man diese zu der gewünschten Länge, erhält man die Länge des Zuschnitts. Die zuvor berechnete Anzahl der Stoffbahnen (S. 183) wird damit multipliziert. Bei einfarbigen Gardinen entspricht diese Summe der benötigten Materialmenge. Bei gemusterten Stoffen ist es etwas komplizierter, da der Musterrapport berücksichtigt werden muss. Das folgende Beispiel erläutert eine Berechnung für einen einfarbigen Stoff:

Ein Vorhang mit Bleistiftfalten soll eine fertige Breite von 1,50 m und eine Länge von 2,40 m erhalten:

Die Breite wird mit dem Faktor für die Faltenzugabe multipliziert: 1,50 m x 2,5 = 3,75 m. Das Ergebnis wird durch die Stoffbahnbreite geteilt: 3,75 m / 1,37 m = 2,7. Aufgerundet ergeben sich 3 Stoffbahnen.

Addiert man zu der gewünschten Länge die Saumzugaben, erhält man die Länge des Zuschnitts: 2,40 m + 0,40 m = 2,80 m. Dieses Ergebnis wird mit der Anzahl der Stoffbahnen multipliziert. 2,80 m x 3 = 8,40 m. Demnach werden 8,40 m Stoff für das Anfertigen dieser Gardine benötigt.

3. Berechnungen für einen gemusterten Stoff

- Jeder gemusterte Stoff hat einen Musterrapport, also eine Mustereinheit, die sich immer wieder horizontal und vertikal wiederholt. Wenn bei Vorhängen mehr als eine Stoffbahn benötigt wird, muss beim Ansetzen der Stoffe der Rapport beachtet werden. Die Stoffe müssen so aneinandergelegt – und später genäht – werden, dass sich der Musterrapport jeweils auf der gleichen Höhe befindet. Nur so lassen sich Verschiebungen im Muster vermeiden. Hierfür ist meistens eine Extra-Stoffzugabe erforderlich. Diese lässt sich genau errechnen, wenn man die Rapportlänge kennt. Entweder berechnet man den Rapport selbst oder bittet das Fachpersonal im Textilgeschäft um Hilfe. Um die Stoffzugabe für ein Paar gemusterte Seitenvorhänge zu errechnen, muss die zuvor ermittelte Stofflänge (siehe oben) durch zwei geteilt werden, da zwei getrennte Vorhänge entstehen sollen. Diese Länge wird mit der Rapportlänge multipliziert und das Ergebnis auf die nächste ganze Zahl aufgerundet. Diese Zahl wird mit der Länge des Rapportes multipliziert. Als Ergebnis erhält man so die Stofflänge für einen Vorhang inklusive der Musterzugabe. Werden mehrere Stoffbahnen benötigt, müssen diese addiert werden.

Das folgende Beispiel verdeutlicht die Berechnung für Vorhänge mit einer Breite von 1,50 m, einer Länge von 2,40 m und einem Musterrapport von 0,65 m Länge:

Die Zuschnittslänge von 2,80 m wird durch die Rapportlänge geteilt: 2,80m / 0,65m = 4,3. Es wird auf 5 aufgerundet und mit der Rapportlänge multipliziert: 5 x 0,65m = 3,25 m. Diesen Wert multipliziert man mit 3, da drei Stoffbahnen benötigt werden und erhält eine Zuschnittslänge von 9,75 m.

4. Berechnungen für Rollos

Ermittlung der gewünschten Länge

- Zuerst gilt es festzulegen, wo das Rollo befestigt wird: Soll das ganze Fenster inklusive des Rahmens verdeckt werden oder lediglich die Fensterfläche? Wird das Fenster nach innen geöffnet, muss sichergestellt sein, dass das Rollo beim Öffnen nicht stört. Bei Erkerfenstern oder tiefen Fensterrahmen kann es sinnvoll sein, das Rollo sehr dicht am Fenster anzubringen.

- Als nächstes muss festgelegt werden, wie weit das Rollo im geschlossenen Zustand nach unten reichen soll – z. B. bis zum Fensterbrett oder darüber hinaus.

- Nun kann die Länge des Rollos berechnet werden: Die Länge vom Befestigungspunkt des Rollos bis zur Unterkante (z. B. Fensterbretthöhe) ergibt die Länge des Rollos. Bei Lamellenjalousien und Vertikallamellen ist nur dieses Maß erforderlich.

Berechnung der Stofflänge

- Soll ein Rollo aus Stoff genäht werden, ist eine Saumzugabe von 15-20 cm erforderlich, sie variiert je nach Gestaltung der Unterkante. Spring- und Zugrollos benötigen eine Zugabe von 15-20 cm, da aus technischen Gründen immer sichergestellt sein muss, dass sich auch in heruntergezogenem Zustand genügend Material auf der Welle befindet. Bei Raff-

rollos, die auch heruntergelassen noch eine üppige Materialfülle aufweisen sollen, reicht eine Zugabe von 30 cm aus. Die
so ermittelten Zugaben ergeben die Länge des Zuschnitts.

Berechnung der Stoffbreite

- Die gewünsche Breite ist leicht zu messen: sie entspricht der
  gesamten Breite, die vom Rollo verdeckt werden soll.
- Bei Zugrollos ist die Breite der seitlichen Zugsysteme zu
  berücksichtigen. Es muss sichergestellt sein, dass besonders
  bei Erker- und Gaubenfenstern genügend Platz dafür vorhanden ist. Spring-, Falt- und Raffrollos sind normalerweise an
  einer oberen Scheibe befestigt. Im Zweifelsfall kann der Fach-
  händler genaue Informationen über den benötigten Platz geben.
- Für Stoff-Rollos muss eine seitliche Saumzugabe von 10 cm
  zugefügt werden.
- Raffrollos und Wolkenrollos benötigen eine zusätzliche Stoffzugabe, da die wolkig gerafften Bögen mehr Materialfülle
  erfordern. Raffungen und Falten können durch rückseitig
  angebrachte Faltenbänder fixiert werden. Um die Stoffbreite
  zu errechnen, dient die Tabelle auf Seite 183 als Orientierung.
  Bei Falten wird die Faltentiefe mit der Anzahl der Falten multipliziert und so die Stoffzugabe ermittelt.
- Bei sehr breiten Rollos können mehrere Stoffbahnen erforderlich sein. Die Anzahl der Stoffbahnen ergibt sich, indem man
  die gewünschte Breite durch die Breite der Stoffbahn teilt.
  Das aufgerundete Ergebnis entspricht der Anzahl der benötigten Stoffbahnen.
- Multipliziert man die Länge des Zuschnitts mit der Anzahl der
  benötigten Stoffbahnen, erhält man die Länge des Stoffes,
  der gekauft werden muss. Bei gemusterten Stoffen helfen die
  Berechnungsbeispiele auf Seite 184.

5. Selbstgenäht oder professionell gefertigt?
Die folgenden Tipps können bei der Entscheidung helfen:

Selbstgenäht

Viele Fensterdekorationen können auch von nähtechnisch
eher Ungeübten eigenständig realisiert werden – es ist nicht

nur preiswerter, sondern erfüllt viele Menschen auch mit Stolz,
eigene Kreationen in der Wohnung bewundern zu können. Bei
aufwändigen Dekorationen oder besonders hochwertigen Stoffen
gilt es jedoch, die eigenen Fähigkeiten realistisch einzuschätzen
und im Zweifelsfalle die Arbeit lieber einem Profi zu überlassen.

Fertig-Gardinen

Viele Vorhang- und Rollosysteme kann man gebrauchsfertig
kaufen. Sie sind oft wesentlich günstiger als maßgeschneiderte
Gardinen, allerdings sind sie nur in Standardgrößen und -aus-
führungen erhältlich. Bei einigen Rollotypen ist es aber möglich,
die Breite anzupassen.

Maßgeschneidert

Raumausstatter und Innendekorateure übernehmen von der
Planung bis zur Ausführung alle Arbeiten bezüglich der Fensterdekoration. Auch wenn dies die kostenintensivste Variante ist,
sind besonders bei opulenten und aufwändigen Dekorationen
exzellente Ergebnisse zu erwarten.

Raumausstatter und Innendekorateure

Folgende Punkte sollten bedacht werden, bevor man einen pro-
fessionellen Raumausstatter und Innendekorateur engagiert:

- Empfehlungen von Freunden und Bekannten sind oft die
  beste Möglichkeit, kompetente Ausstatter zu finden. Ebenfalls
  hilfreich sind Textilfachgeschäfte oder fachbezogene Internetportale.
- Arbeitsbeispiele und Referenzen des Ausstatters können
  nützlich für die gezielte Auswahl sein.
- Die eigenen Wünsche und Erwartungen sollten möglichst klar
  und strukturiert sein. Je eindeutiger man seine Vorstellungen
  zum Ausdruck bringt, desto besser lassen sich Missverständ-
  nisse bei der Realisaton durch einen Ausstatter vermeiden.
- Mindestens zwei vergleichbare Kostenvoranschläge sollten
  eingeholt werden. Aber Vorsicht! Nicht immer ist der güns-
  tigste Preis bezogen auf die Qualität auch das beste Angebot.
- Alle Absprachen und Änderungen sollten schriftlich festge-
  halten werden.

Adressen

Die folgende Liste gibt einen Einblick in Textilien und Zubehör herstellende und verarbeitende Unternehmen und entsprechende Fach-Verbände. Sie bezieht sich vorwiegend auf Unternehmen und Institutionen im deutsch-sprachigen Raum und er-hebt keinen Anspruch auf Vollständigkeit.

Verbände & Innungen

Zentralverband Raum und Ausstattung
Burgstr. 81
D-53177 Bonn
0049 (0)228 36790 0
www.zvr.de

Bundesinnung der Tapezierer, Dekorateure und Sattler
Wirtschaftskammer Österreich
Schaumburgergasse 20/6
A-1040 Wien
0043 (0)1 505 6960 221
www.raumausstatter.at

Bundesverband Rolladen + Sonnenschutz e.V.
Hopmannstraße 2
D-53177 Bonn
0049 (0)228 95210 0
www.bv-rolladen.de

Internetportale Raumausstatter:
www.raumausstattung.de
www.raumausstatter.net

Gardinen und Deko-Textilien

Ado Gardinenwerke GmbH &Co.
Hüntestraße 68
D-26871 Aschendorf
0049 (0)4962 505 0
www.ado-international.de

Albani Group GmbH & Co.Kg
Steinerne Furt 44
D-88167 Augsburg
0049 (0)821 700 1701
www.albani-group.com

Alfed Apelt GmbH
An der Rench 2
D-77704 Oberkirch
0049 (0)7802 8070
www.apeltstoffe.de

Laura Ashley
Briennerstrasse 10
D-80333 München
0049 (0)89 28787840
Weihburggasse 5
A-1010 Wien
0043 (0)1 51293 40
www.lauraashley.com

Backhausen interior textiles GmbH
Kolonie Backhausen 136
A-3945 Hoheneich
0043 (0)2852 502
www.backhausen.com

Chivasso BV Deutschland
Potsdamer Straße 160
D-33719 Bielefeld
0049 (0)521 23839 0
www.chivasso.com

Création Baumann Weberei und Färberei AG
Bern-Zürich-Strasse 23
CH-4900 Langenthal
0041 (0)62 9196262
www.creationbaumann.com

Fabric Frontline Zurich AG Gardinen- und Dekostoffe
Ankerstrasse 118
CH-8026 Zürich
0041 (0)44 2416455
www.fabricfrontline.ch

Elsaesser Vorhänge und Deko-Ideen
Eystrasse 64
CH-3422 Kirchberg
0041 (0)34 4452302
www.elsaesser-vorhaenge.ch

Filtex AG
Teufenerstrasse 1
CH-9001 St. Gallen
0041 (0)71 2211313
www.filtex.ch

Gerster Gardinen- und Posamentenwerk
Postfach 1453
D-88396 Biberach/Riß
0049 (0)7351 586500
www.gerster.com

JAB Josef Anstoetz KG
Potsdamer Straße 160
D-33719 Bielefeld
0049 (0)521 2093 0
www.jab.de

JAB Anstoetz AG
Badenerstrasse 156
CH-8004 Zürich
0041 (0)44 2999080

Kvadrat A/S
Lundbergsvej 10
DK-8400 Ebeltoft
0045 (0)8953 1866
www.kvadrat.dk

Landenberg AG Deko- und Möbelstoffe
Schönbrunnstrasse 14
CH-9013 St. Gallen
0041 (0)71 2742091
www.landenberg.ch

Nya Nordiska Textiles GmbH An den Ratswiesen
D-29451 Dannenberg
0049 (0)5861 8090
www.nya.com

Rüger Design
ZI, Route de Dambach
F-57230 Bitche
0033 (0)387 0664 20
www.ruger-design.com

Saum & Viebahn Textilverlag GmbH & Co. KG
E.C.-Baumann-Straße 12
D-95326 Kulmbach
0049 (0)9221 800 0
www.saum-und-viebahn.de

Stieger Engelbert E. AG Deko- und Gardinenstoffe
Neuseeland 32
CH-9404 Rorschacherberg
0041 (0)71 8586868
www.stieger.com

UNLAND GmbH
Gerhard-Unland-Straße 1
D-26683 Saterland
0049 (0)4492 88 0
www.unland.de

Wind-Design
Vandewoestijnelaan 1
B-8790 Waregem
0032 (0)56 620 027
www.wind.be

Wölfel & Co GmbH & Co. KG
Sandwiesenstr. 1
D-64665 Alsbach-Hähnlein
0049 (0)6257 941 0
www.woelfel-gardinen.de

Zimmer + Rohde GmbH
Zimmersmühlenweg 14-18
D-61440 Oberursel/Frankfurt
0049 (0)6171 63202
www.zimmer-rohde.com

Rollos und Systemlösungen

Germania Sonnenschutzsysteme
Am Jägersberg 24
D-24161 Altenholz
0049 (0)431 361444
www.germania-kg.de

Jaloucity Heimtext lien Vertriebs GmbH & Co. KG
Meierottostr. 1
D-10719 Berlin
0049 (0)30 8826804
www.jaloucity.com

MHZ Hachtel GmbH & Co. KG
Sindelfinger Straße 21
D-70771 Leinfelden-Echterdingen
0049 (0)711 9751 0
www.mhz.de

Silent Gliss GmbH
Rebgarterweg 5
D-79576 Weil am Rhein
0049 (0)7621 6607 0
www.silentgliss.de

Teba GmbH & Co. KG
Eisenbahnstr. 70
D-47198 Duisburg
0049 (0)2066 2005 0
www.teba.de

VELUX Deutschland GmbH
Gazelenkamp 168
D-22527 Hamburg
0049 (0)40 54707 0
www.velux.de

Wood & Washi
Zeewinde 7
NL-9738 AM Groningen
0031 (0)50 3180881
www.woodandwashi.com

luxaflex
www.luxaflex.com

Gardinenzubehör

Artline by Nya Nordiska
Am Gewerbehof 1, Nr. 7-9
D-50170 Kerpen
0049 (0)2273 90950
http://www.nya.com

August Bünger Bob-Textilwerk GmbH & Co. KG
Wichlinghauser Straße 38
D-42277 Wuppertal
0049 (0)202 64797-0
www.bob-textilwerk.de

British Trimmings Ltd.
Coronation Street, Reddish
GB-Stockport, Cheshire SK5 7PJ
0044 (0)161 4806122
www.britishtrimmings.co.uk

döfix Döhlemann GmbH
Tobelwasenweg 25
D-73235 Weilheim an der Teck
0049 (0)7023 9490 0
www.dofix.com

Flix-Liftkarniese
Hauptstraße 16
A-2231 Strasshof
0043 (0)2287 3407
www.flix.at

interstil Diedrichsen GmbH & Co. KG
Liebigstraße 1-3
D-33803 Steinhagen
0049 (0)5204 9136 0
www.interstil.de

Posag-Pozo
Bleiche Areal 24
Postfach
CH-4800 Zofingen
0041 (0)62 7451616
www.posag-pozo.ch

Die Posamenten Manufaktur
Gollierstraße 70 c II
D-80339 München
0049 (0)89 54072125
www.posamentenmanufaktur.de

Lupir Gardinenzubehör
Handelsgesellschaft mbH
Weberstraße 6
D-72622 Nürtingen
0049 (0)7022 31550
www.lupir-design.de

Museen

Deutsches Textilmuseum
Andreasmarkt 8
D-47809 Krefeld
0049 (0)2151 946 945 0
www.krefeld.de/textilmuseum

Kunstgewerbemuseum
Tiergartenstraße 6
D-10785 Berlin
0049 (0)30 266 2902
www.smb.spk-berlin.de

Museum für Kunst und Gewerbe
Steintorplatz
D-20099 Hamburg
0049 (0)40 428 134 27 32
www.mkg-hamburg.de

Museum Karlsplatz
Karlsplatz
A-1040 Wien
0043 (0)1 505 87 470
www.wienmuseum.at

Schweizerisches Landesmuseum
Museumstrasse 2
CH-8021 Zürich
0041 (0)44 218 65 11
www.landesmuseum.ch

Abegg-Stiftung
Werner Abegg-Strasse 67
CH-3132 Riggisberg
0041 (0)3180 812 01
www.abegg-stiftung.ch

Register

Hersteller- und Bildnachweis

Die Herausgeber bedanken sich bei den folgenden Unternehmen für die wertvolle Unterstützung: Alhambra, Blendworth, The Bradley Collection, Calico Corners, Country Curtains, eclectics, Globaltex, Hunter Douglas Associates Inc., Hunter & Hyland, Integra Products Ltd, Jim Lawrence Traditional Ironwork Ltd, Kobe, Lou Hammond & Associates, Prestigious Textiles, Stroheim & Romann, Sunflex, Villa Nova, Warwick Fabrics.

Alle Materialmuster stammen aus der Privat-Kollektion der Autorin; sie zeigen Stoffe von: Ian Mankin, Hornsby Interiors, Harlequin Fabrics, Romo Fabrics, Jane Churchill, Warris Vianni, The Cloth Shop, John Lewis and the Designers Guild und anderen.

Fotos

2 Villa Nova/Romo Fabrics

6–7 Kobe

8 *unten links* Corbis/Christophe Boisivieux

9 *oben* Getty Images/The Bridgeman Art Library; *unten* Art Archive

10 *oben* Andreas von Einsiedel/Architects Guard, Tillman, Pollock Ltd; *unten* Country Curtains

11 Jalousie aus lichtreflektierendem "Ambience"-Gewebe von eclectics

12 Andreas von Einsiedel/Designer: Candy & Candy

13 *links* Blendworth; *rechts* Villa Nova/Romo Fabrics

14 Villa Nova/Fomo Fabrics

22–23 Grant Govier/Redcover.com

24 Andreas von Einsiedel/Designer: Michael Reeves; *Raffrollos* Sunflex

25 Warwick Fabrics

26 Blendworth

27 Graham Atkins-Hughes/Redcover.com

28 Graham Atkins-Hughes/Redcover.com

29 Graham Atkins-Hughes/Redcover.com; *Gardinenringe* The Bradley Collection

30 Warwick Fabrics

31 Andreas von Einsiedel/Designer: Ernest de la Torre; *Gardinenstangen* Integra Products

32 Alhambra

33 Andreas von Einsiedel/Designer: Rose Uniacke

34 The Bradley Collection

35 Andreas von Einsiedel/Designer: Luz Vargas Architects

36 Warwick Fabrics

37 Silhouette® Faltrollos von from Hunter Douglas

38 Dan Duchars/Redcover.com

39 Luminette® Vorhänge von Hunter Douglas

40–41 Alhambra

42 Silhouette® window shadings from Hunter Douglas; *Raffbänder* Price & Co.

43 Calico Corners

44 Andreas von Einsiedel/Designer: Annie Constantine

45 Calico Corners

46 Martyn O'Kelly/Redcover.com

47 Henry Wilson/Redcover.com; *Raffhalter* Country Curtains

48 Calico Corners; *Gardinenstangen* Integra Products

49 Christopher Drake/Redcover.com Architect/Designer: Philip Wagner; *Schmuckenden* Integra Products

50 Calico Corners; *Gardinenstangen 1 & 3* Hunter & Hyland; *Gardinenstange 2* Integra Products

51 Redcover.com

52 Andreas von Einsiedel/Designer: Charles Style; *Raffhalter* Integra Products

53 Rob Marmion/Fotolia.com; *Raffhalter* Büsche

54 Andreas von Einsiedel/Designer: Homeira Pour-Heidari

55 Country Woods® Exposé™ Holzjalousie von Hunter Douglas; *Gardinenstange*

Integra Products

56 Henry Wilson/Redcover.com

57 Kobe

58 Andreas von Einsiedel/Designer: Alison Henry; *Quasten* Sevinch (Michael Deman)

59 Andreas von Einsiedel/Designer: John Simpson

60–61 Andreas von Einsiedel/Designer: Smiros & Smiros Architects

62 Integra Products; *Raffkordel* Country Curtains

63 Mike Daines/Redcover.com

64 Alhambra

65 Somner® collection custom Vertikal-Lamellenvorhang von Hunter Douglas

66 Andreas von Einsiedel/Designer: Sue Timney

67 Integra Products; *Gardinenstange* Sunflex

68 Paul Massey/Redcover.com

69 Andreas von Einsiedel/Designer: Andrew McAlpine

70 Verity Welstead/Redcover.com

71 Guglielmo Galvin/Redcover.com

72 Villa Nova/Romo Fabrics

73 Chalet Woods® Holzjalousie von Hunter Douglas; *Schmuckenden* Integra Products

74 Anthony Harrison/Redcover.com

75 Prestigious Textiles; *Fransenbordüren 1 & 2* Price & Co; *Fransenbordüre 3* Newark Dressmaker

76–77 Chris Drake/Redcover.com

78 Amanda Turner/Redcover.com

79 Country Curtains

80 Blendworth

81 Dan Duchars/Redcover.com; *Raffbänder* Country Curtains

82 Stroheim & Romann

83 Country Curtains; *Gardinenstange* Integra Products

84 Calico Corners

85 Country Curtains

86 Marcus Wilson-Smith/Redcover.com Designer: Moussie Sayer

87 Villa Nova/Romo Fabrics; *pins* Country Curtains

88 Stroheim & Romann

89 Cadence® Vertikal-Lamellenvorhang von Hunter Douglas

90 Christopher Drake/Redcover.com

Architect/Designer: Philip Wagner

91 Christopher Drake/Redcover; *Clip* Country Curtains

92–93 Calico Corners

94 Country Curtains

95 Country Curtains; *scarf holder 1* Jones & Co; *scarf holders 2 & 3* Integra Products

96 Alhambra

97 Kobe; *Schmuckenden* The Bradley Collection

98 Country Curtains

99 Villa Nova/Romo Fabrics; *Gardinenstangen* Integra Products

100 Alhambra

101 Andreas von Einsiedel/Designer: Catherine Warren; *Gardinenstangen* Jim Lawrence

102 Duette® Faltrollos von Hunter Douglas

103 Andreas von Einsiedel/Designer: Kenyon Kramer; *Gardinenstangen* Hunter & Hyland

104 Silhouette® Rollos von Hunter Douglas

105 Luminette® Vertikal-Lamellen von Hunter Douglas; *Rollos* Sunflex

106 Andreas von Einsiedel/Designer Tom Newby

107 Andreas von Einsiedel/Designer: Robert Boswell; *Quasten* Flecotex

108 Jim Lawrence

109 Jim Lawrence

110 Globaltex

111 Simon McBride/Redcover.com

112–113 The EverWood® Holzjalousien von Hunter Douglas

114 Prestigious Textiles; *Schmuckenden* The Bradley Collection

115 Provenance® Holzjalousien von Hunter Douglas

116 Stroheim & Romann; *Gardinenstangen* Büsche

117 Silhouette® Rollo von Hunter Douglas

118 Blendworth

119 Graham Atkins-Hughes/Redcover.com

120 Remembrance® Rollo von Hunter Douglas

121 Villa Nova/Romo Fabrics

122 Prestigious Textiles

123 Prestigious Textiles

124 Blendworth

125 Alhambra; *Schmuckenden* The Bradley Collection

126–127 Marcus Wilson-Smith/Redcover.com

128 Andreas von Einsiedel/Designer: Lia Martinucci; *Gardinenstangen* Hunter & Hyland

129 Country Woods® Exposé™ Holzjalousien von Hunter Douglas

130 Andreas von Einsiedel/Designer: Sallie Jeeves; *Gardinenstangen* Hunter & Hyland

131 Kobe

132 Warwick Fabrics

133 Andreas von Einsiedel/Designer: Carolinda Tolstoy

134 Andreas von Einsiedel/Designer: Hudson Featherstone Architects; *Schwenkbare Gardinenstangen* The Bradley Collection

135 Vignette® Rollos von Hunter Douglas

136 Mark Bolton/Redcover.com; *Gardinenstangen* Jim Lawrence

137 Country Woods® Exposé™ Holzjalousien von Hunter Douglas

138 Duette® Zugrollos von Hunter Douglas

139 Mel Yates/Redcover.com; *Raffhalter & Clips* Hunter & Hyland

140–141 Vignette® Faltrollos von Hunter Douglas

142 Alhambra

143 Winfried Heinze/Redcover.com; *Gardinenstange in Bogenform* The Bradley Collection

144 Silhouette® Rollos von Hunter Douglas

145 Dan Duchars/Redcover.com

146 Verity Welstead/Redcover.com

147 Calico Corners

148 Applause® Raffrollos von Hunter Douglas

149 Robin Matthews/Redcover.com; *Raffhalter* Sunflex

150 Alun Callender/Redcover.com

151 Johnny Bouchier/Redcover.com

152 Applause® Rollos von Hunter Douglas

153 Johnny Bouchier/Redcover.com; *finial* Hunter & Hyland

154–179 Illustrationen: Mark Franklin nach Originalen von Elsa Godfry

Alle anderen Illustrationen: Ana Maria